A CULTURA IMPORTA

FÉ E SENTIMENTO EM UM MUNDO SITIADO

ROGER SCRUTON

A CULTURA IMPORTA

FÉ E SENTIMENTO EM UM MUNDO SITIADO

SÃO PAULO | 2024

LVM
EDITORA

Copyright © 2024 – LVM Editora

Os direitos desta edição pertencem à LVM Editora, sediada na
Rua Leopoldo Couto de Magalhães Júnior, 1098, Cj. 46 - Itaim Bibi
04.542-001 • São Paulo, SP, Brasil
Telefax: 55 (11) 3704-3782
contato@lvmeditora.com.br

Gerente Editorial | Chiara Ciodarot
Editor-chefe | Pedro Henrique Alves
Preparação | Georgia Kallenbach
Revisão de texto | Diego Perandré
Tradução | Roberta Sartori
Capa | Mariangela Ghizellini
Diagramação | Décio Lopes

Impresso no Brasil, 2024

Dados Internacionais de Catalogação na Publicação (CIP)
Angélica Ilacqua CRB-8/7057

S441c Scruton, Roger

    A cultura importa / Roger Scruton; tradução de Roberta Sartori.
– São Paulo: LVM Editora, 2024.
152 p.

    ISBN 978-65-5052-185-1
Título original: *Culture Counts: faith and feeling in a world besieged*

    1. Cristianismo e cultura 2. Civilização ocidental I. Título
II. Sartori, Roberta

24-1243   CDD 909.09821

Índices para catálogo sistemático:
1. Cristianismo e cultura

Reservados todos os direitos desta obra.

Proibida a reprodução integral desta edição por qualquer meio ou forma, seja eletrônica ou mecânica, fotocópia, gravação ou qualquer outro meio sem a permissão expressa do editor. A reprodução parcial é permitida, desde que citada a fonte.

Esta editora se empenhou em contatar os responsáveis pelos direitos autorais de todas as imagens e de outros materiais utilizados neste livro. Se porventura for constatada a omissão involuntária na identificação de algum deles, dispomo-nos a efetuar, futuramente, as devidas correções.

SUMÁRIO

Prefácio **7**

CAPÍTULO 1
O que é cultura? **17**

CAPÍTULO 2
Ócio, culto e cultura **35**

CAPÍTULO 3
Conhecimento e sentimento **51**

CAPÍTULO 4
Os usos da crítica **71**

CAPÍTULO 5
Ensinando a cultura **85**

CAPÍTULO 6
Guerras culturais **101**

CAPÍTULO 7
Raios de esperança **123**

PREFÁCIO

As sociedades ocidentais estão vivendo uma crise aguda de identidade com ameaças externas, do Islã radical, e internas do "multiculturalismo". Por qual direito elas existem e por quais conquistas deveriam se definir? No século XIX, elas poderiam ter formulado sua resposta em termos cristãos. Mas a maioria dos ocidentais de hoje – incluindo os cristãos – hesita em dar ênfase à religião que outrora foi a fonte primária das suas regras morais. O cristianismo tem mais o caráter de uma memória íntima do que o de um evangelho vencedor, e aqueles que levantam a cruz em público estão agora sujeitos a um sarcasmo desanimador e até mesmo a um desprezo liberado. Quando Oswald Spengler (1880-1936) publicou *A Decadência do Ocidente*, em 1921, ele via o cristianismo como o coração da cultura ocidental. Mas argumentou que a nossa outrora rica e viva cultura tinha sido substituída pelos preceitos sem vida de uma mera "civilização". Quando a cultura dá espaço para a civilização, argumentou Spengler, entramos numa era de declínio.

Há muito a deplorar, mas também muito a admirar em Spengler[1], e sem dúvidas, a tese do seu livro ganhou plausibilidade desde que ele a anunciou pela primeira vez. Ao mesmo tempo, a sua visão, tal como a de Marx (1818-1883), é profundamente provinciana, fixando-se nos acontecimentos que tornaram o continente europeu grande e ignorando aqueles que o tornaram pequeno — muito menor do que a civilização ocidental que Spengler afirmava estar discutindo. Para Spengler, o grande acontecimento que pôs fim à cultura ocidental e a colocou no caminho da civilização foi a Revolução Francesa — a mesma revolução cuja representação de tumulto fascinou Marx. A Revolução Americana, que precedeu a Francesa e inaugurou duzentos anos de um governo cada vez mais estável, nem é mencionada em *A Decadência do Ocidente*. Esse evento não foi drástico o suficiente para Spengler, que não estava interessado no fluxo normal da felicidade humana. Como resultado, ele deixou passar o acontecimento que levou à criação do mundo moderno: a transformação do Estado de Direito europeu numa democracia constitucional, implantada numa terra que estava simultaneamente livre da história e isolada das normas sociais da cidade europeia. Aqui estava um triunfo que fascinaria o mundo e, em nossos dias, inspiraria uma inveja amarga e destrutiva.

---

1. Tentei separar o admirável do deplorável e o misterioso do confuso em *A Decadência do Ocidente*, de Spengler, em *The Philosopher on Donver Beach*. Indiana: St. Augustine's Press South Bend, 1998.

É por causa dos Estados Unidos, do seu sucesso, dos seus conflitos e da sua importância simbólica no mundo que a questão levantada por Spengler ainda está entre nós: a questão da identidade ocidental. Remova os Estados Unidos, a sua liberdade, o seu otimismo, as suas instituições, as suas crenças judaico-cristãs e a sua tradição em educação, e pouco restaria do Ocidente a não ser as rotinas geriátricas de uma Europa agora desdentada. Adicione os Estados Unidos à discussão e todas as calamitosas profecias e tristes despedidas do século XX parecerão um tanto ridículas. No entanto, justamente porque o Ocidente depende dos Estados Unidos, um país lançado num caminho que não reconhece nenhum lugar nem tempo como seu, a identidade ocidental tornou-se uma questão urgente a ser debatida. Ao nos referirmos à civilização ocidental, não estamos, como Spengler, descrevendo um fragmento localizado e delimitado no tempo da história humana. Estamos descrevendo um projeto que nasceu de grandes acontecimentos ocorridos na bacia do Mediterrâneo dois milênios atrás e que agora envolve as aspirações e as antipatias de toda a humanidade.

Ao que me parece, esse projeto pode sobreviver apenas se conseguir conquistar um lugar em nossas emoções. O experimento norte-americano colocou dois grandes presentes aos pés da humanidade: uma democracia viável e uma tecnologia magistral. Mas esses benefícios, que conquistam nossos elogios e nosso orgulho, não conquistam nosso coração. Eles, em si mesmos, não criam a profunda ligação da qual depende o futuro da nossa civilização. Não fornecem qualquer perspectiva sobre a vida humana e o seu significado que possa resistir tanto ao niilismo sarcástico dos críticos internos do Ocidente quanto à intolerância sem graça do islã. Perante tais inimigos, precisamos afirmar não as nossas conquistas, mas o *nosso direito de existir*. O cristianismo nos permitiu fazer isso pois proporcionou uma visão da graça de Deus e da nossa salvação. E, enquanto a nossa civilização sobreviver, essa visão nos dará força. Mas ela não é mais uma visão militante. A força que possui vem dos significados partilhados que são transmitidos a nós pela nossa cultura – significados igualmente transmitidos a quem acredita e a quem duvida. Por essa mesma razão, porém, a cultura começou a ter uma nova importância para nós, como repositório de um acervo de conhecimento moral ameaçado. Talvez um dia a nossa cultura não seja mais ensinada. Se isso acontecer, então os ideais e os vínculos que chegaram até nós irão desaparecer, e a nossa civilização permanecerá desprotegida contra a crescente inundação do ressentimento mundial.

Pelo menos é essa a minha crença. Mas você não precisa compartilhar dela para seguir o argumento deste livro. Nele eu defendo o que, às vezes, é chamado de "alta cultura" da civilização ocidental, e quando digo isso, refiro-me à herança literária, artística e filosófica que tem sido ensinada nos departamentos de ciências humanas, tanto na Europa quanto nos Estados Unidos, e que recentemente foi sujeita à rejeição desdenhosa (especialmente nos Estados Unidos) como produto de "homens europeus brancos mortos". Eu proponho uma definição de cultura e refuto a insinuação de que as culturas não podem ser julgadas, tanto por dentro, quanto por fora, por padrões objetivos. Argumento que uma cultura, num certo sentido, é *composta* de julgamentos e existe para transmitir o hábito de julgamento de geração em geração. Esse hábito de julgamento é primário para o desenvolvimento moral e é a base dos ritos de passagem pelos quais os jovens deixam o estado de adolescência e assumem os fardos da vida adulta. Uma sociedade saudável requer, portanto, uma cultura saudável, e isso é verdade, ainda que poucos tenham acesso à tal cultura.

Ao contrário da ciência, a cultura não é o repositório de informações factuais ou de verdades teóricas, nem é uma espécie de treinamento em certas habilidades, sejam elas retóricas ou práticas. Ainda assim, é uma fonte do conhecimento: conhecimento *emocional* no que diz respeito ao que fazer e ao que sentir. Nós transmitimos esse conhecimento por meio de ideais e exemplos, por meio de imagens, narrativas e símbolos. Nós o transmitimos por meio de formas e ritmos musicais, e por meio de determinações e padrões do nosso ambiente construído. Essas expressões culturais surgem como respostas à fragilidade perceptível da vida humana e incorporam um reconhecimento coletivo de que dependemos de coisas que estão fora do nosso controle. Cada cultura, portanto, tem sua raiz na religião, e é a partir dessa raiz que a seiva do conhecimento moral se espalha por todos os ramos da especulação e da arte. Nossa civilização teve suas raízes arrancadas. Mas não é sempre que uma árvore é arrancada que ela morre. A seiva pode acabar encontrando um caminho para os ramos, que chega às folhas a cada primavera com a perene esperança característica das coisas vivas. Tal é a nossa condição, e é por esse motivo que a cultura se tornou para nós não apenas preciosa, mas uma causa política genuína, a principal maneira de conservarmos nossa herança moral e de permanecermos firmes diante de um futuro nebuloso.

Ao mesmo tempo, o declínio da fé religiosa significa que muitas pessoas, tanto os céticos quanto os vacilantes, começaram a repudiar sua herança cultural. O peso dessa herança, sem as consolações oferecidas ao crente, torna-se intolerável e cria motivos para zombar daqueles que procuram transmiti-la. Nossas instituições educacionais oferecem posições privilegiadas àqueles que depreciam os valores antigos, as velhas hierarquias e as velhas formas de ordem social e que estão escondidos no currículo que chegou até nós. Não há nada para ensinar em nome da cultura, é o que dizem, exceto os preconceitos de outras épocas. E eles apoiam essa posição com uma série de argumentos retirados do arsenal do ceticismo filosófico, apresentados como prova da ideia de que não existe nenhum procedimento objetivo, nenhuma autoridade, nenhum cânone seguro de clássicos que nos dê o direito de julgar um produto cultural como superior a outro. No campo da cultura, argumentam, vale tudo; e também, nada vale.

Paradoxalmente, esse novo relativismo, que invadiu todas as áreas humanas, anda de mãos dadas com uma censura igualmente obstinada. Muitos professores estão zangados com as obras tradicionais da nossa cultura e procuram removê-las do currículo ou cercá-las com proibições, vendo-as como meros vestígios de atitudes patriarcais, aristocráticas, burguesas ou teocráticas que já não têm qualquer direito sobre nós. Essa postura de ceticismo em relação aos clássicos revela um grave erro de julgamento. Pois as grandes obras da cultura ocidental são notáveis pela distância que mantiveram das normas e ortodoxias que lhes antecederam. Somente uma leitura muito superficial de Chaucer (c. 1343-1400) ou de Shakespeare (1564-1616) veria esses escritores como endossadores das sociedades em que viveram ou ignoraria o fato muito mais importante de que suas obras mantêm a humanidade à luz do julgamento moral e que examinam, com todo o amor e toda a piedade que exige, a fragilidade da natureza humana. É justamente a aspiração à verdade universal, à uma perspectiva da condição humana sob o olhar divino, que é a marca da cultura ocidental. E é por essa razão que deveríamos considerar a Revolução Americana, e não a Francesa, como o ponto de virada na nossa história, o momento em que a civilização ocidental se tornou idêntica ao mundo moderno –, pois foi nesse momento que o Iluminismo tomou o poder.

    O novo currículo das ciências humanas, que é relativista a favor da transgressão e absolutista contra a autoridade, é um dos fenômenos mais marcantes da universidade moderna, e, neste livro, eu faço o meu melhor para explicá-lo. Ele representa um obstáculo à renovação cultural e um desafio para aqueles que, como eu, têm a esperança de indicar alguns métodos de estudo objetivo que justifiquem o lugar contínuo das artes no currículo universitário. Eu tento mostrar, portanto, que existe uma coisa chamada de estudo crítico das obras de arte e da literatura, e que esse estudo descobre e transmite um legado de conhecimento moral. Eu exploro algumas das maneiras pelas quais as pessoas, ao julgarem obras de arte, tornam-se juízes de si mesmas. Esse tipo de julgamento não tem nada a ver com aquelas "teorias" da moda, da desconstrução ao pós-modernismo, que serviram para criar um muro de jargão impenetrável em torno de nossa herança artística. Ele não esvazia as obras de sua vida e de seu significado, nem se esforça, como a desconstrução, para mostrar que o significado é impossível. Trata-se de uma forma de fazer com que as obras *vivam* na imaginação do seu público, para que a arte e o público pertençam um ao outro. E essa relação de pertencimento é o que adquirimos por meio da cultura.

Não adianta, contudo, estudar a cultura se não for possível também renová-la. É o fracasso em renovar – na verdade, a recusa em renovar – que leva ao hábito do repúdio e à tentativa, por meio da estupidificante "teoria", de colocar a nossa herança literária e artística a uma distância intransponível do seu público-alvo. Se realmente acreditássemos que esse público não existe mais, ou que não poderia ser recriado, então poderíamos, sensatamente, desistir da cultura. A arte, a literatura, a música e as ciências humanas seriam, para nós, curiosos pacotes nos corredores das universidades. Eles não inspirariam nenhuma disciplina especial de estudo e não produziriam nenhum conhecimento especial. Poderíamos lançar sobre eles o olhar congelado da "teoria", mas, desse modo, descobriríamos apenas os restos dissecados de um cadáver. Portanto, se a cultura deve ser um tema de estudo válido e um veículo de julgamento, deve ser possível identificar os lugares, as pessoas e as práticas nas quais ela vive. Tentei apontar alguns acontecimentos, pelos quais podemos (sem otimismo indevido) discernir um novo amanhecer após a noite do repúdio, e uma nova tentativa de recapturar os ideais e emoções que distinguiram a nossa civilização e justificaram a sua existência no mundo. Eu indico algumas das formas pelas quais os desastres do modernismo e as suas consequências pós-modernas estão sendo superados, à medida que os velhos modos de simplicidade e humildade vão sendo recuperados. Esse trabalho de renovação em pequena escala é muito mais importante, parece-me, do que toda a tagarelice sem sentido do repúdio. Ele beneficia aqueles cujos interesses e educação os direcionam para a arte, literatura e filosofia. E também beneficia toda a civilização a que essas pessoas pertencem, e que depende de mil maneiras secretas e não tão secretas da transmissão de conhecimento cultural. Para aqueles que duvidam disso, aponto para o exemplo do islã, contrastando o que ele era quando tinha uma cultura genuína com o que é hoje, quando essa cultura é lembrada apenas por estudiosos impotentes, e a ignorância beligerante não tem as vozes que poderiam tê-la corrigido.

CAPÍTULO 1

O que é cultura?

Os antropólogos escrevem sobre a "cultura" das pessoas que eles observam, ou seja, escrevem sobre aqueles costumes e artefatos que são partilhados e cuja partilha traz coesão social. Os etnólogos, por um lado, definem cultura de forma mais ampla, a fim de incluir todas as características intelectuais, emocionais e comportamentais que são transmitidas por meio da aprendizagem e da interação social, e não por meio de dotação genética. Os sociólogos, por outro lado, usam o termo de forma mais restrita, para significar os pensamentos e hábitos por meio dos quais as pessoas definem a sua identidade de grupo e reivindicam um território social. Em todos esses usos, o termo "cultura" está associado à necessidade humana de pertencimento e descreve um bem partilhado de um grupo social. Neste livro definirei "cultura" de outra forma, de modo a denotar uma aquisição que pode não ser partilhada por todos os membros de uma comunidade e que abre os corações, as mentes e os sentidos daqueles que a possuem a um patrimônio intelectual e artístico. A cultura, tal como a descreverei e defenderei neste livro, é a criatura e a criadora de elites. Isso não significa, entretanto, que a cultura não tenha nada a ver com a ideia de pertencimento ou com a necessidade social de definir e conservar um modo de vida partilhado. Embora um produto de elite, o seu significado está nas emoções e aspirações comuns a todos.

Por "cultura" refiro-me ao que também tem sido chamado de "alta cultura" – a acumulação de arte, literatura e reflexão humana que resistiu ao "teste do tempo" e estabeleceu uma tradição contínua de referência e alusão entre pessoas instruídas. Essa definição levanta uma questão: acumulação de quem e quais pessoas? Em resposta, é válido revisitar uma distinção entre cultura e civilização feita de outra forma e para outro propósito por Herder (1744-1803) e explorada para ainda outro propósito por Spengler. Uma civilização é uma entidade social que, durante um longo período, manifesta uma uniformidade religiosa, política, jurídica e de hábito e que confere aos seus membros os benefícios do conhecimento socialmente acumulado. Desse modo, podemos falar da civilização egípcia antiga, da civilização romana, da civilização chinesa e da civilização ocidental. As civilizações podem incluírem-se umas às outras, seja como partes contemporâneas ou como partes sucessivas. Por exemplo, a civilização romana inclui a da Gália romana; e a civilização islâmica, a dos abássidas.

A cultura de uma civilização é a arte e a literatura por meio das quais ela chega à consciência de si mesma e define a sua visão de mundo. Todas as civilizações têm uma cultura, mas nem todas as culturas atingem níveis iguais. A civilização da idade da pedra que produziu as pinturas nas paredes das cavernas de Lascaux deixou um ícone memorável do seu mundo, mas a sua única conquista cultural duradoura fica ofuscada diante da arte e da literatura grega. Se podemos ou não descrever uma cultura como objetivamente superior a outra é uma questão que abordarei logo mais neste livro. Por enquanto, basta reconhecer que as culturas são os meios pelos quais as civilizações se tornam conscientes de si mesmas e estão permeadas pelos pontos fortes e fracos da sua forma de vida herdada. Existem tantas culturas quanto civilizações, embora possamos pertencer a uma civilização e saber pouco ou nada de sua cultura – que é o caso da maioria dos ocidentais hoje em dia.

CULTURA OCIDENTAL

Este livro é sobre a cultura ocidental, ou seja, sobre a cultura da civilização ocidental. Dizer isso não estabelece limites claros para o meu tópico. As civilizações crescem fora e dentro umas das outras e, muitas vezes, dividem-se como amebas, de modo a gerar duas ramificações contemporâneas; por isso que é muito difícil estabelecer limites espaciais ou temporais para a civilização ocidental. Ela cresceu a partir da fusão do cristianismo com a lei e o governo de Roma, tomou consciência de si mesma na alta Idade Média, passou por um período de ceticismo, pelo Iluminismo e foi propagada por todo o mundo simultaneamente pelos interesses comerciais e coloniais de seus membros mais aventureiros. E, ao longo dos seus períodos mais prósperos, a civilização ocidental produziu uma cultura que absorve e se adapta a culturas de outros lugares, outras religiões e outros tempos. Seu conjunto básico de histórias, seus preceitos morais e suas imagens religiosas vêm da Bíblia hebraica e do Novo Testamento grego. Nessas raízes judaico-cristãs, porém, foi enxertada uma árvore de muitos ramos que produz os mais diversos frutos. *As Mil e Uma Noites*, que tem um lugar central na cultura islâmica, faz igualmente parte da herança cultural do Ocidente, enquanto a literatura pagã da Grécia e de Roma tem sido ensinada durante séculos como a fonte da nossa tradição literária.

Esses fatos não deveriam causar confusão. Não há paradoxo na ideia de que duas culturas distintas (pertencentes a duas civilizações distintas) podem, apesar disso, partilhar partes da sua herança, e certamente não há paradoxo na ideia de que elas podem trocar ideias, como foi o caso com as culturas muçulmana, cristã e judaica nos grandes dias de Averrois, (1126-1198) Maimônides (1138-1204) e Pedro Lombardo (1100-1160). De fato, é importante compreender, no contexto das atuais "guerras culturais" e da defesa generalizada do "multiculturalismo", que a cultura ocidental tem uma capacidade e vontade incomparáveis para assimilar outras tradições culturais.

Pode-se sugerir que até agora eu fiz muito pouco para delimitar meu assunto. Devemos realmente considerar toda a arte, literatura, música e reflexão filosófica do

Ocidente como parte de sua cultura, e será que tudo isso pode reivindicar a nossa proteção? Nenhuma das sugestões é plausível. Embora novas obras estejam constantemente sendo somadas ao nosso patrimônio, há uma distinção entre aquelas que "entram para o cânone" e aquelas que permanecem na periferia. Todas as culturas se caracterizam por um fluxo central ou por uma tradição de obras que não apenas "resistiram ao teste do tempo", mas que continuam a servir como modelos e inspirações para os profissionais vivos. O processo pelo qual uma tradição artística, literária ou musical se desenvolve e se fortalece é fascinante, tanto que os críticos se dedicam bastante à reflexão. E as teorias da "tradição" são invariavelmente controversas, na medida em que os críticos lutam para defender os seus próprios favoritos e para menosprezar os preferidos de outros. Mas essa batalha pelo cânone também faz parte do cânone: uma tradição é o resíduo de conflitos críticos, aquilo que permanece quando o som e a fúria se reduzem a um murmúrio de sala de aula.

CULTURA E JULGAMENTO

Outra forma de colocar essa questão é dizer que a cultura resulta do julgamento. Uma cultura alimenta-se de seus monumentos e estilos duradouros por meio de comparações e escolhas que acontecem a todo momento, e das quais emerge um cânone de obras-primas não como objeto de uma única escolha coletiva, nem mesmo uma escolha que deve ser feita a cada geração, mas como o subproduto de uma miríade de escolhas ao longo dos séculos. Assim como os costumes emergem ao longo do tempo, dos inúmeros esforços dos seres humanos para coordenar a sua conduta, as tradições culturais também emergem das discussões, alusões e comparações com as quais as pessoas preenchem seu tempo livre.

Muitas pessoas não vão gostar dessa ideia, pois, ou acham que não existe essa coisa chamada "julgamento" a que me refiro, ou que, se ela existe, é irremediavelmente "subjetiva", sem nenhuma capacidade inerente de resistir ao exame cético ou de garantir a sobrevivência de uma cultura em tempos de dúvida. Essa reação é expressa de diversas maneiras e para diversos propósitos, e um dos objetivos deste livro é refutá-la. Contudo, em todas as suas formas, ela se baseia numa confusão, há muito apontada por Kant (1724-1804)[2]. É verdade que os nossos julgamentos a respeito das obras de arte são subjetivos no sentido de que são resultados da nossa experiência, das nossas impressões e dos nossos gostos pessoais. Mas isso não quer dizer que sejam subjetivos no sentido de não admitirem nenhum argumento a seu favor ou de não se conectarem com experiências e emoções importantes que possam ser testadas pela vida.

Ainda assim, alguém pode se perguntar: que tipo de julgamento se pretende? Ao considerar esse questionamento, os escritores do século XVIII recorriam ao "gosto", pelo qual eles se referiam a uma faculdade racional distinta, por

---

2. Kant, *A Crítica do Juízo*, 1790, disponível em diversas traduções, a qual, pela primeira vez, coloca explicitamente a estética no centro das nossas preocupações intelectuais modernas.

meio da qual escolhemos o que é digno da nossa atenção. Mas que tipo de atenção? E digno em que aspecto? No decurso das suas discussões, os pensadores do Iluminismo começaram a escrever sobre o julgamento "estético", fazendo uso de um termo introduzido pelo mentor de Kant, Baumgarten (1714-1762), embora, muitas vezes, discordassem radicalmente sobre o que queriam dizer com isso. O termo pegou, e hoje é um lugar-comum falar de julgamento estético como aquilo que distingue o domínio da cultura dos domínios da ciência, da religião e da moralidade. Contudo, não estamos mais perto de uma definição do que estavam aqueles filósofos do Iluminismo que, quer tenham aderido, como Hume (1711-1776) e Addison (1672-1719), à velha ideia de gosto, quer tenham adotado, como Kant e Schiller (1759-1805), o novo jargão de estética, nunca conseguiram convencer um ao outro de que se referiam a uma única coisa.

JULGAMENTO E RISADA

Em vez de me embolar nesse nó, eu proponho, portanto, cortá-lo, considerando uma das matérias-primas a partir das quais a cultura é construída, a saber, a risada. Todos os seres racionais riem – e talvez apenas os seres racionais riem. E todos os seres racionais se beneficiam com o riso. Como resultado, surgiu uma instituição humana peculiar – a da piada, aquela da performance em palavras ou gestos repetidos que é concebida com o intuito de fazer rir. Agora, há uma grande dificuldade em dizer exatamente o que é o riso. Não é apenas um som – nem mesmo um som, pois pode ser silencioso. Nem é apenas um pensamento, como o pensamento a respeito de algum objeto como absurdo. Trata-se de uma resposta *a* algo, que também envolve um julgamento *dessa* coisa. Além disso, não é uma peculiaridade individual, como um tique nervoso ou um espirro. A risada é uma expressão de diversão, e a diversão é um estado de espírito claramente expressivo e contagioso[3]. O riso começa como uma condição coletiva, como quando as crianças riem juntas por causa de algum absurdo. E, na idade adulta, a diversão continua a ser uma das formas pelas quais os seres humanos desfrutam da companhia uns dos outros, reconciliam-se com as suas diferenças e aceitam suas semelhanças. O riso nos ajuda a superar nosso isolamento e nos fortalece contra o desespero.

Isso não significa que o riso seja subjetivo no sentido de que "vale tudo", ou que não seja crítico em relação ao seu objeto. Pelo contrário, as piadas são objeto de disputas acirradas, e muitas são tachadas como "não engraçadas", "de mau gosto", "ofensivas" e assim por diante. Não se pode separar o hábito de rir das coisas do hábito de julgá-las como dignas de riso. Na verdade, a diversão, embora uma manifestação espontânea de emoção social, é também a forma de julgamento mais frequentemente praticada. Rir de algo já é julgá-lo; e,

---

[3]. Ver BUCKLEY, Frank. *The Morality of Laughter*. University of Michigan Press, 2003. No qual a natureza do riso, como uma prática formadora de sociedade entre os seres morais, é admiravelmente explicada.

quando nos abstemos de rir daquilo que alguém acredita ser engraçado, podemos, dessa forma, mostrar a nossa reprovação pela posição de tal pessoa. Uma piada de "mau gosto" não é apenas um fracasso, é uma ofensa, e um dos aspectos mais importantes da educação moral é ensinar às crianças a não cometerem essa ofensa. Se parar para pensar, rapidamente verá que, por mais difícil que seja definir noções como "julgamento" e "gosto", elas são absolutamente indispensáveis para nós.

Shakespeare nos fornece um exemplo revelador do que quero dizer, na subtrama envolvida em *Noite de Reis*. O bêbado *Sir* Toby Belch e seus amigos desordeiros decidem pregar uma peça com Malvolio, guardião da bela prima de *Sir* Toby, Olivia, em vingança pela desaprovação justificada, mas arrogante, de Malvolio aos seus costumes. A brincadeira de mau gosto envolve persuadir Malvolio de que Olivia o ama e que o amará ainda mais se ele obedecer às várias recomendações absurdas sobre seu modo de vestir e de se portar. Como resultado dessa pegadinha, Malvolio é inicialmente humilhado, depois ferido e, finalmente, preso como um louco, para ser, por fim, resgatado apenas pelas reviravoltas da trama um tanto ridícula. O remorso, do tipo superficial, visita os brincalhões. Mas o público, que começou rindo com eles, percebe-se agora olhando-os com um frio desdém; e, para Malvolio, com uma pena desconfortável. Uma nuvem de desconforto envolve a conclusão da peça na medida em que o riso que a impulsionou é subitamente levado a julgamento e condenado.

O CONCEITO DE ARTE

Essas observações não equivalem a uma teoria do humor, ou ao "julgamento de gosto" do qual ela depende. Mas elas apontam para o fato de que não há nada de obscuro nesse julgamento, que é uma parte familiar da vida de todos, com um papel vital a desempenhar na consolidação da sociedade humana. Talvez a diversão seja uma espécie de prima ou prelúdio da apreciação estética. Mas nós não temos que determinar se isso é assim para percebermos que existe realmente uma espécie de julgamento no cerne da cultura e que ele nos cerca o tempo todo. Além do mais, esse julgamento pode ser erudito, é moralmente relevante em todas as formas e envolve muitos dos nossos instintos sociais mais fortes e importantes. Ao refletir sobre a diversão e o humor, e o lugar que ocupam em nossas vidas, já é possível ver um indício muito claro de uma verdade mais geral sobre a natureza e o significado da cultura – principalmente que a cultura é julgamento, e que o julgamento importa.

O exemplo também nos ajuda a desviar o que se tornou uma rejeição rotineira da cultura e da procura por cultura – uma rejeição que começa no ceticismo sobre o conceito de arte. Há um século, Marcel Duchamp (1887-1968) assinou um mictório, intitulou-o "La Fontaine" e depois o expôs como uma obra de arte. Desde então, esse famoso gesto tem sido repetido *ad nauseam*, e, dado que os alunos aprendem qualquer coisa nas escolas de arte, consiste na capacidade de executar tal gesto com a mentalidade de que é original – uma conquista epistemológica comparável à da Rainha Branca[4], que, em sua juventude, conseguia acreditar em seis propostas impossíveis antes do café da manhã. Um resultado imediato da piada de Duchamp foi precipitar uma indústria intelectual dedicada a responder à pergunta "o que é arte?". A literatura dessa indústria é tão tediosa e inútil quanto as imitações do gesto de Duchamp, e nem mesmo a sagacidade e o intelecto de Arthur Danto (1924-2013) serviram para animá-la[5]. No entanto, deixou um resíduo de ceticismo que alimentou o ataque à cultura. Se alguma coisa pode contar como arte, então a arte deixa de ter sentido. Tudo o que resta é o fato curioso, mas infundado, de que certas pessoas gostam de olhar para algumas coisas e que certas pessoas gostam de olhar para outras. Quanto à sugestão de que existe uma iniciativa da crítica, que procura valores objetivos e monumentos duradouros para o espírito humano, essa é descartada como dependente de uma concepção da obra de arte que foi engolida pelo ralo da "fonte" de Duchamp.

O argumento foi repetido com uma esperteza maliciosa por John Carey[6] e está rapidamente se tornando ortodoxo, até porque parece estar emancipando as pessoas do fardo da cultura, dizendo-lhes que todas essas veneráveis obras-primas podem ser ignoradas sem consequências, que os *reality shows* são "tão bons quanto" Shakespeare, e que o

---

4. Personagem do livro *Alice Através do Espelho*, de Lewis Carroll. (N. T.)
5. Todos os elogios, no entanto, a DANTO, Arthur. *The Transfiguration of the Commonplace*. Cambridge Mass, 1981. Uma obra que mostra como os problemas da ontologia são intrínsecos às nossas formas normais de descrever a arte.
6. CAREY, John. *What Good are the Arts?*. Londres: Faber and Faber, 2005.

rock eletrônico é semelhante a Brahms (1833-1897), já que nada é melhor do que nada, e todas as reivindicações de valor estético são nulas. O argumento, contudo, baseia-se no erro elementar de pensar a arte como o que Mill (1806-1873) chamou de "tipo natural", como a água, o carbonato de cálcio ou o tigre – em outras palavras, um tipo cuja essência não é fixada pelos interesses humanos, mas sim pelo jeito que as coisas são[7]. Se, ao definirmos a arte, estivéssemos tentando isolar alguma característica da ordem natural, então a nossa definição teria certamente falhado se não conseguíssemos estabelecer limites ao conceito. "Arte", porém, não é o nome de algo natural, mas de algo funcional, como "mesa". Qualquer coisa é uma mesa se puder ser usada na função de mesa –apoiar coisas onde nos sentamos para trabalhar ou comer. Uma caixa de embalagem pode ser uma mesa; um mictório velho pode ser uma mesa; um escravo humano pode ser uma mesa. Isso não torna o conceito arbitrário, nem nos impede de distinguir as mesas boas das ruins.

Voltemos agora ao exemplo das piadas. É tão difícil circunscrever a classe das piadas quanto a classe das obras de arte. Qualquer coisa é uma piada se assim alguém disser. Pois "piada" nomeia algo funcional. Uma piada é um artefato feito para ser motivo de riso. Pode não cumprir a sua função e, nesse caso, trata-se de uma piada que "não deu certo". Ou até pode desempenhar a sua função, mas de forma ofensiva, caso em que é uma piada "de mau gosto". Mas

---

[7]. MILL, J. S. *A System of Logic*. Londres: Longmans, 1879, 10ª ed., livro 1, capítulo 7, seção 4.

nada disso implica que a categoria das piadas seja arbitrária, ou que não exista uma distinção entre piadas boas e más. Nem, de forma alguma, sugere que não há lugar para a crítica de piadas, ou para o tipo de educação moral que tem como objetivo um senso de humor digno e decoroso. Na verdade, a primeira coisa que você pode aprender, ao considerar as piadas, é que o urinol de Marcel Duchamp era uma delas – muito boa, na primeira vez, brega em meados do século XX e completamente idiota hoje.

ARTE E O INTERESSE ESTÉTICO

O que eu disse sobre piadas pode ser facilmente transferido para obras de arte também. Qualquer coisa é arte se alguém sinceramente assim a declarar, pois a arte é funcional. Uma obra de arte é algo apresentado como objeto de interesse estético. Pode ser que ela não cumpra a sua função e, nesse caso, torna-se esteticamente vazia. Ou ela pode até desempenhar a sua função, mas de modo ofensivo, caso em que se mostra cafona, vulgar, perturbadora ou o que quer que seja. Mas nada disso quer dizer que a categoria da arte seja arbitrária, ou que não exista uma distinção entre arte boa e ruim. Muito menos sugere que não há lugar para a crítica da arte, ou para o tipo de educação estética que tem como objetivo uma compreensão estética decorosa e humana.

Não é de surpreender que piadas e obras de arte sejam tão semelhantes. Pois algumas obras de arte consistem inteiramente em piadas: não apenas gestos atrevidos como o mictório de Duchamp, mas também extensas obras literárias, como *A Vida e as Opiniões do Cavalheiro Tristram Shandy* e *Alice Através do Espelho*. Comédias e piadas apelam para o mesmo repertório emocional. E as piadas, bem como as obras de arte, podem ser repetidas infinitamente. Ainda assim, ao definir a arte como um tipo funcional, eu acabei introduzindo uma ideia nova – a do "interesse estético". E o leitor vai querer saber que tipo de interesse é esse, e se é importante para a cultura em geral, ou somente para as obras de arte. Essa é outra questão que proponho resolver. O interesse estético, eu sugiro, é simplesmente aquele tipo de interesse que temos pelas obras de arte. Todos estamos familiarizados com ele, embora não saibamos necessariamente como defini-lo. E todos sabemos que, tal como a diversão, o interesse estético é inseparável de julgamento.

As obras de arte, tal como as piadas, são objetos da percepção: o que importa é a sua aparência, como soam, a forma como apelam à nossa percepção sensorial. No interesse estético, vemos o mundo como ele realmente aparenta: nas palavras de Wallace Stevens (1879-1955), "let be be finale of seem"[8]. Encontramos, desse modo, uma unidade de experiência e pensamento, uma união do sensorial e do intelectual cujo nome cotidiano é "imaginação". Esse fato, que coloca o significado da experiência estética fora do alcance da ciência, explica o seu valor peculiar. No momento da beleza, encontramos significado de forma sensorial e imediata.

---

8. Em tradução livre, "Que parecer termine em ser somente". (N. T.)

O interesse estético é extremamente relevante para seres como nós, que nos movemos na superfície das coisas. Para me envolver agora com aquelas partes distantes da minha vida que não são de interesse imediato; para absorver, na escolha presente, a plena realidade de uma vida que se estende por um espaço moral distante, eu preciso de uma compreensão do significado das coisas. Eu preciso de símbolos no momento presente, de assuntos fora do momento. A capacidade de participar, de modo imaginativo, em estados de coisas meramente possíveis é uma das dádivas da cultura: sem essa capacidade uma pessoa pode não saber como é alcançar os objetivos que almeja, e a sua busca por esses objetivos será, em certa medida, irracional[9].

O interesse estético é um interesse pelas aparências. Mas tem aparências que devemos evitar, por mais que nos fascinem. Em contrapartida, tem aparências que não são apenas objetos admissíveis de interesse estético, mas que recompensam esse interesse com conhecimento, compreensão e elevação emocional. Nós lamentamos os jogos romanos, nos quais animais foram massacrados; prisioneiros, crucificados; e inocentes, atormentados; tudo por causa do espetáculo e do seu significado horrível. E continuaríamos lamentado, mesmo que o sofrimento fosse simulado, como em alguma réplica cinematográfica, se

---

9. A incapacidade de compreender esse ponto, eu argumentei, subjaz ao desastre da arquitetura utilitarista e modernista – uma arquitetura que nega a tradição que formou e educou o olho humano. Ver *The Aesthetics of Architecture*. Londres e Princenton, 1979.

pensássemos que o interesse do observador fosse apenas um fascínio alegre. Mas aplaudimos a tragédia grega, na qual mitos profundos são encenados em versos elevados, em que as mortes imaginadas ocorrem fora da vista e sem apreço do público. O interesse por um, supomos, é depravado; pelo outro, nobre. E uma alta cultura visa, ou deveria visar, preservar e melhorar experiências do segundo tipo, nas quais a vida humana é elevada a um nível mais aprimorado – o nível da reflexão ética.

A ESFERA DA CULTURA

Uma cultura não compreende apenas obras de arte, nem se dirige apenas a interesses estéticos. Trata-se da esfera dos *artefatos intrinsecamente interessantes*, ligados pela faculdade do julgamento às nossas aspirações e ideais. Apreciamos piadas, obras de arte, argumentos, obras de história e literatura, boas maneiras, vestimentas e formas de comportamento. E todas essas coisas são moldadas por meio do julgamento.

O que devemos incluir na categoria de cultura? A resposta é sugerida pelo meu argumento, que apontou um certo tipo de julgamento como central para o fenômeno. Uma cultura consiste em todas as atividades e artefatos que são organizados pela "busca comum do verdadeiro julgamento", como disse T. S. Eliot (1888-1965) certa vez[10]. E o verdadeiro julgamento envolve a busca de significado por meio do encontro reflexivo com coisas

---

10. ELIOT, T. S. *On the Use of Poetry and the Use of Criticism*. Londres, 1933.

feitas, compostas e escritas, que tenham tal fim em vista. Algumas dessas coisas serão obras de arte, dirigidas ao interesse estético; outras serão obras discursivas de história ou filosofia, dirigidas ao interesse pelas ideias. Ambos os tipos de obras exploram o significado do mundo e da vida da sociedade. E o propósito de ambos é estimular os julgamentos pelos quais entendemos uns aos outros e a nós mesmos.

As tradições artísticas e filosóficas fornecem, portanto, o nosso paradigma de cultura. E o princípio que forma uma tradição é o mesmo que discrimina dentro dela, criando o cânone das obras-primas, dos monumentos reconhecidos, da "pedra angular", como Matthew Arnold (1822-1888) certa vez chamou, que é o objetivo da educação humana apreciar e compreender[11]. A questão que agora se apresenta diante de nós é como poderíamos justificar tal educação e qual deveria ser o seu lugar no currículo atual.

Antes de abordar tal questão, porém, há uma objeção que deve ser reconhecida. Muitas pessoas que não têm interesse pela alta cultura fazem julgamentos morais. Elas julgam os demais em termos de seu caráter e ações, e organizam seu mundo por meio de concepções de certo e errado, bom e mau, virtude e vício. No entanto, o tipo de julgamento que tenho considerado, que olha criticamente para as formas do interesse humano e que examina o mundo em busca de significados, implicações e alusões,

---

11. ARNOLD, Matthew. *Culture and Anarchy*. Londres, 1869.

pode não ser interessante para eles, pois o gosto deles pela arte, assim como o gosto pelas piadas, pode ser grosseiro ou inexistente; o interesse por ideias e argumentos pode ser igualmente escasso, e os únicos espetáculos de que gostam podem ser os do esporte organizado. Isso, no entanto, não diz nada sobre seu valor moral ou sobre sua utilidade enquanto membro da sociedade. Por outro lado, existem pessoas altamente cultas, com um gosto refinado em arte e interesse crescente em questões intelectuais, que vivem a vida de psicopatas cruéis; podemos dar o exemplo de Hitler (1889-1945) e Stálin (1878-1953). Esses fatos, repetidamente e lamentavelmente confirmados pela história, emprestam um novo tipo de força ao cético cultural, que pode ainda perguntar qual o objetivo de atividades e interesses que deixam a paisagem moral aparentemente tão pouco mudada. Essa é, eu imagino, a principal ressalva que pessoas instruídas devem ter em questão do valor da cultura e o propósito de ensiná-la. Dessa forma, portanto, ao longo do argumento, vou precisar retornar ao problema colocado pelo "esteta do mal" e pelo "filantropo filisteu" – o problema da aparente desconexão entre a virtude moral e o refinamento cultural.

CAPÍTULO 2

Ócio, culto e cultura

A cultura é o produto do ócio: ela é criada e desfrutada nesses momentos ou nesses estados de espírito quando as urgências imediatas da vida prática estão em suspenso. A nossa cultura foi, historicamente, o produto da classe ociosa – uma classe com um monopólio virtual sobre o lazer. Mas, hoje, vivemos em uma sociedade na qual a ociosidade está universalmente disponível, mesmo àqueles que não veem sentido nela. Essa é uma das causas da profunda incerteza sobre a "cultura ocidental". Parece haver uma disjunção radical entre a nossa herança aristocrática e a da alta burguesia, produto de uma classe educada de sacerdotes, profetas e nobres, e as obras do nosso recém-emancipado "homem comum" – cuja fanfarra, no entanto, foi composta por Aaron Copland (1900-1990), um membro nada comum da elite instruída. Para esclarecer a nossa situação, vale a pena refletir sobre o ócio e a sua ligação com a religião, por um lado, e com a cultura, por outro.

ÓCIO, JOGOS E A ESTÉTICA

Os gregos levavam o ócio muito a sério, um fato registrado na história subsequente da palavra que designaram para isso – *schole* – que se tornou *scola* em latim e *school* em inglês[12]. O ócio, para Aristóteles, era o propósito do trabalho – trabalho não no sentido de qualquer atividade específica, mas no sentido geral de *ascholia* (ausência de ócio)[13]. *Ascholia* era o termo usado por Aristóteles para negócios, e tem seu equivalente em latim (*neg-otium*), e sobrevive também em francês. O *negociant* é aquele que está sempre ocupado e que, portanto, tem diante de si a pergunta: por quê? A que propósito servem os negócios e quando esse propósito é cumprido? Para Aristóteles a resposta era clara: você trabalha para se libertar e enfim ter o ócio, e, no ócio, você é verdadeiramente livre: livre para seguir a vida contemplativa que, para o filósofo, era o bem maior.

Nessa abordagem, vemos um conjunto de prioridades radicalmente diferentes daquelas que animam uma economia moderna. O trabalho, para Aristóteles, é mera "ausência de ociosidade", uma condição de carência, que nos esforçamos por superar a fim de desfrutar da nossa verdadeira realização humana, que é a vida de contemplação. Essa ênfase na contemplação pode parecer um esnobismo filosófico. O que Aristóteles

---

12. E, naturalmente, "escola" em português. (N. T.)
13. Ética a Nicômaco, 1177 b 4-6, que observa que estamos ocupados em prol do lazer, assim como fazemos guerra em prol da paz.

tinha em mente, contudo, era uma atividade que é a sua própria recompensa e que, portanto, ilustra a condição de contentamento. Para o filósofo, a pergunta "por que contemplar?" não tem e nem merece uma resposta. A contemplação não é um meio para um fim, mas um fim em si mesmo. E isso, Aristóteles diz, é o que envolve toda a verdadeira *schole*.

Para muitas pessoas, hoje, a ociosidade não é um estado de contemplação, e sim um estado de atividade física – embora seja uma atividade que, como a contemplação de Aristóteles, é a *sua própria recompensa*. Recreação, esportes e jogos devem ser entendidos no espírito da *schole* de Aristóteles – como atividades que não são meios para um fim, mas fins em si mesmas. É por isso que essas atividades, por mais extenuantes que sejam, são atividades nas quais *descansamos*: pois nelas os nossos planos e projetos *dão uma pausa*. Esse, podemos dizer, é o objetivo de tudo, daquilo pelo qual trabalhamos, o objetivo para o qual nosso trabalho é um meio.

O que estou dizendo sobre o ócio foi dito, em outro tom de voz, mas com um propósito relacionado, por Schiller, não sobre o ócio, mas sobre as brincadeiras, que é o seu protótipo no mundo da criança. Nas suas *Cartas Sobre a Educação Estética do Homem*[14], Schiller descreveu a brincadeira como a condição superior a que aspiramos sempre que abandonamos as nossas preocupações práticas.

---

14. SCHILLER, Friedrich von. *Letters on the Aesthetic Education of Man*. E. Wilkinson e L. A. Willoughby (trad.). Oxford, 1967.

O contraste que ele tinha em mente não era o entre brincar e trabalhar, mas entre brincar e ser sério. E ele usou essa distinção para fazer uma observação interessante a respeito da estética. "Com o que é bom e útil", escreveu ele, "o homem é apenas sério; mas com o belo, ele brinca". A expressão "apenas sério" é, obviamente, bastante irônica, mas expressa uma rejeição sistemática do mundo do trabalho cotidiano. A realização não vem por meio do propósito, sugere Schiller, mas apenas quando o propósito é deixado de lado. E, para Schiller, o paradigma da realização é a experiência estética – não a contemplação tal como Aristóteles a entendia, mas a contemplação desinteressada das *aparências*, o alerta autoconsciente ao *significado apresentado* das coisas.

Schiller acreditava que podemos compreender o julgamento estético se o remetermos ao mundo da brincadeira – um mundo em que nada tem, de fato, um propósito, e onde cada ação é realizada por si mesma, como algo intrinsecamente agradável. A arte nos leva de volta a esse mundo de inocência primordial, permitindo-nos deixar nossos propósitos de lado. Não se trata apenas de que a obra de arte seja valorizada por si mesma e sem referência a um propósito. Trata-se também do fato de que nós, no ato da apreciação, reassumimos o manto de uma criança, permitindo que as nossas emoções e impressões sigam caminhos imaginativos, sem restringi-las a algum propósito, algum objetivo, algum esforço sério. E assim como uma criança aprende brincando, também aprendemos com a experiência estética, exercitando nossos sentimentos em domínios imaginários, ampliando nossa visão de humanidade e passando a ver o mundo como imbuído de valores intrínsecos, significativos em si mesmos e sem referência aos nossos próprios interesses egocêntricos.

ÓCIO E DISTRAÇÃO

Schiller via a cultura como a esfera da "educação estética" e as brincadeiras como seu arquétipo. E, por meio da união das duas ideias ele esperava mostrar que o declínio da religião não tinha privado a humanidade de valores intrínsecos. Por meio da "educação estética" – em outras palavras, da cultura – nós conseguíamos nos reconectar com aquelas experiências primordiais de admiração e de deslumbramento que nos mostram o significado duradouro da nossa vida na terra. É por isso que a cultura importa: ela é um recipiente no qual os valores intrínsecos são depositados e transmitidos.

Ambos Aristóteles e Schiller enfatizam a natureza ativa do ócio e a sua ligação com formas contemplativas da vida mental. Mas nós conseguimos nos desconectar do trabalho sem nos comprometer a qualquer propósito superior. Podemos passar da atividade para a passividade, na qual a nossa mente não se envolve com o mundo, mas, antes, está envolvida por ele, distraída pelas coisas externas em vez de interessada por elas. E poderia ser sugerido que a distração é, cada vez mais, a opção normal das pessoas quando o seu trabalho é deixado de lado. As técnicas de televisão são, cada vez mais, concebidas para captar a atenção em vez de fornecer um ponto de interesse, e pesquisas recentes[15] demonstraram até que ponto os canais normais de coleta de informação foram interrompidos pela TV, produzindo distúrbios generalizados de atenção e um vício em estímulos visuais. Se isso é lazer, muitas pessoas dizem, queremos menos disso.

É difícil estabelecer com exatidão os limites entre distração e interesse. Afinal, você não pode se distrair com algo sem também ter interesse nele. Mas o interesse cessa com a próxima distração. A mente *não mantém* o primeiro objeto de atenção, pois é incapaz de perseguir o seu interesse se o estímulo não for renovado. Os amantes da arte que estão diante de uma pintura ficam olhando, e, mesmo quando desviam o olhar, seus pensamentos estão voltados para a imagem. Cada detalhe lhes interessa; cada forma e cor têm um significado, e eles procuram na imagem um significado humano que possam tentar expressar em palavras, se tiverem inclinação crítica, ou que possam armazenar silenciosamente em seus corações. Aqui toda a atenção vem dos espectadores: eles estão ativamente empenhados em interpretar o que veem, e a sua visualização é, em certa medida, um ato criativo. Eles estão criando o objeto de sua própria percepção, mas também recebendo dele uma visão de repouso.

Em contraste, o viciado em televisão em frente à tela, com os olhos conduzidos de imagem em imagem pelo corte de cinco segundos, mal consegue prestar

---

15. Por Mihaly Csikszentmihalyi e Robert Kubey (resumido na *Scientific American*, 23 de fevereiro de 2002).

atenção a uma coisa antes que sua mente seja distraída por outra. Aqui ainda há espaço para atividade mental – por exemplo, um julgamento do valor estético, moral ou filosófico da cena na tela. Mas o objeto de atenção não é o produto dessa atividade mental, e permanece à vista apenas porque é capaz de distrair constantemente a mente do observador de seu foco anterior.

A TV é um paradigma do processo de distração, mas não é o único exemplo. Muitas formas de entretenimento popular têm um caráter semelhante, o de desviar a atenção e, ao mesmo tempo, neutralizar o pensamento. E, quando os sociólogos falam do uso "recreativo" de drogas, álcool e outras coisas (sexo incluído), na verdade estão falando de distração. Recreação, nesse sentido, significa manter o vazio mental, mesmo em meio a atividades como o sexo, que exigem o envolvimento total da pessoa para que ela possa entregar o que pretende. Se o entretenimento popular é mera distração, então poderíamos razoavelmente sugerir que o ócio, no sentido pretendido por Aristóteles, desapareceu do mundo do entretenimento popular, que a emancipação final dos trabalhadores do seu trabalho levou à perda da única coisa pela qual eles estavam realmente trabalhando.

ESPORTE E ESPETÁCULO

Existem, no entanto, entretenimentos populares que se esforçam para neutralizar a distração e colocar o envolvimento em seu lugar. O espetáculo esportivo é um exemplo importante. O prazer do torcedor de futebol vem de um envolvimento vicário com os jogadores, representando na imaginação o que o time está, de fato, passando. Essa é a contemplação ativa, a que envolve as faculdades por completo. No caso do futebol americano, assistimos a uma ritualização do acontecimento que o eleva do nível lúdico ao quase religioso. Aqui os espectadores fazem parte do evento tanto quanto a congregação faz parte de uma cerimônia religiosa. As bandas em seus uniformes, as bandeiras cintilantes da multidão, as líderes de torcida saltando e se movendo com um prazer inconsciente de se estar vivo que é puramente norte-americano, e a atmosfera de orgulho descontraído em um evento que também não é nada em particular – tudo isso levanta o espetáculo desportivo para espectadores ao nível do ritual, com uma combinação do sagrado e do cotidiano que não é diferente daquela exibida pelas cerimônias religiosas. Você se lembrará das Odes Olímpicas de Píndaro, nas quais as virtudes dos atletas são exaltadas por meio dos mitos dos deuses. E você entenderá a etimologia de "feriado"[16] e a necessidade, em todas as sociedades, de dias que são reservados como tal, quando – porque o trabalho é proibido – toda atividade é vista sob outra luz.

CULTURA E CULTO

O que eu acabei de descrever é outro uso do ócio: aquele em que o ócio não significa uma atividade, mas sim o envolvimento num espetáculo, valorizado pelo seu

---

16. Do inglês *holiday*, "holy day" [dia sagrado]. (N. R.)

significado como um fim em si mesmo. Esse envolvimento já esteve imbuído de significados míticos e religiosos de longo alcance e ainda hoje desperta algumas das paixões associadas aos cultos a deuses e heróis. E aponta para outra ligação – não aquela entre o ócio e a cultura, mas entre o ócio e o culto.

O Livro do Gênesis conta a história da criação do mundo por Deus, expressada com admirável concisão e simplicidade, e por meio de imagens que recriam parte daquela maravilha primordial que testemunhamos também nas cavernas de Lascaux. E, no sétimo dia, conta-nos a história, Deus descansou, dando assim o exemplo às suas criaturas que, honrando todas aquelas coisas que são fins em si mesmas, das quais o seu Criador é o exemplo supremo, dediquem um dia por semana a adorá-Lo. Esse, o seu dia de recreação, é também um dia de recriação, em que o espírito se renova e o sentido da vida se revela.

Essa história aponta para uma característica importante das comunidades humanas, embora não seja uma facilmente observada no mundo moderno. No espírito do Gênesis, poderíamos nos entregar à nossa própria genealogia fantasiosa da condição humana, e mais uma, talvez, em consonância com a ciência moderna. Imagine, então, uma comunidade de caçadores-coletores, que rastreia sua grande presa por vários dias e finalmente triunfa. A comunidade pode, enfim, descansar, reunir-se para um banquete, mas experimentará também um fluxo de gratidão, talvez oferecendo o primeiro pedaço queimado a um deus. Todos os tipos de explicações foram oferecidos para a antiga prática do sacrifício ritual[17]. Mas, talvez, a mais simples e plausível seja que se trata da sobrevivência daquela festa primitiva, na qual os deuses eram convocados entre os seus adoradores para saborearem os presentes que eles próprios forneceram. Depois, as comunidades – agrícolas – não precisaram caçar para as suas refeições, mas a necessidade de matança cerimonial, por gratidão e para festas, tornou-se, então, permanente. E algo disso sobrevive na festa do Eid[18], na Primeira Eucaristia cristã, na Páscoa judaica e na festa chinesa do Ano Novo.

Com o tempo, podemos supor, os deuses escolheram deixar as festas em que eram revelados para se tornarem objetos de estudo teológico. Mas os seus festivais permaneceram como a principal forma pela qual as comunidades praticavam o estado de pertencimento por meio de atividades recreativas que restauravam o significado partilhado do seu mundo. Um desses festivais era o dedicado a Dionísio, em Atenas, quando os poetas competiam pela aprovação da multidão com

---

17. Ver BURKERT Walte. *Homo Necans: The Anthropology of Ancient Greek Ritual and Myth*. Peter Bing, Berkeley Cal. (trad.). Univ. of California Press, 1983; GIRARD, René. *La Violence et le sacré*. Paris: Grasset, 1972.

18. Eid al-Fitr é um dos dois principais feriados celebrados pelos muçulmanos em todo o mundo. Pode ser traduzido como "a festa da quebra do jejum", pois comemora o fim do mês sagrado do Ramadã, no qual os muçulmanos que puderem fazê-lo jejuarão desde antes do amanhecer até depois do pôr do sol todos os dias. https://www.brandeis.edu/spiritual-life/resources/guide-to-observances/eid-al-fitr.html. (N. T.)

as suas histórias trágicas de deuses e heróis. E algumas dessas tragédias sobreviveram, exemplos da mais elevada arte e testemunho de uma longa tradição de especulação e discernimento.

Essa genealogia é, obviamente, uma ficção. Mas creio que seja uma ficção esclarecedora, que explica no tempo as conexões atemporais entre coisas contíguas. Leva-nos das necessidades específicas do caçador-coletor ao nascimento da religião revelada, daí ao culto organizado e ao festival comunitário e, finalmente, à cultura como um subproduto genial das nossas celebrações festivas. A conexão entre culto e cultura pode ser feita de outras maneiras[19], mas sua plausibilidade intrínseca é exibida na história que contei, e essa história suscita o seguinte pensamento:

A cultura cresce a partir da religião; e a religião vem de uma necessidade da espécie. Mas a cultura gerada por uma religião também pode ter um olhar cético em relação a esta. Isso tem acontecido muitas vezes, e, na verdade, já vinha acontecendo no teatro grego. Não apenas os deuses e heróis passaram a ser satirizados por Aristófanes (446 a. C.-386 a. C.); as histórias solenes desses mesmos deuses e heróis foram contadas por Ésquilo (c. 524 a. C.- c. 555 a. C.) e Eurípides (c. 480 a. C.- c. 406 a. C.) com um ar de distanciamento, como alegorias da condição humana, em vez de descrições literais de acontecimentos imortais.

---

19. Ver PIEPER, Josef . *Leisure: the Basis of Culture*. Musse und Kult, 1948). G. Malsbary (trad.). Indiana: St. Augustine's Press, 1997.

Não que os trágicos não acreditassem nos deuses. A julgar pelas obras que sobreviveram, eles não acreditavam nem desacreditavam, considerando a crença como, de alguma forma, irrelevante para a sua tarefa, que era a de capturar e ilustrar o *significado do mundo*. Tal como Platão (c. 428 a. C.- c. 348 a. C.) e Sócrates (c. 470 a. C.- c. 399 a. C.), eles viam as histórias dos deuses como mitos e tratavam o mito como outro modo de conhecimento, distinto tanto da ciência racional como da narrativa. Eles acreditavam em Deus e não nos deuses, e o seu Deus era, como o de Platão, Sócrates e Aristóteles, infinito, eterno, inescrutável, julgando um mundo que realmente não O contém.

AFASTANDO-SE DA RELIGIÃO

A tendência da alta cultura de se afastar de sua origem religiosa pode ser testemunhada em muitos lugares e em muitas épocas. Os poetas do período do reinado de Augusto (63 a. C.-14), em Roma, já estavam se afastando da sua herança religiosa, Lucrécio a desprezava expressamente. Os poetas sufis da Pérsia (Hafiz [entre 1310 e 1337-1390], Rumi [1207-1273] e Omar Khayyam [1048-1131]), por mais profundamente religiosos que fossem os seus sentimentos, tinham apenas uma relação estranha e tangencial com as ortodoxias islâmicas da sociedade circundante. As peças de Shakespeare não endossam nem condenam a visão cristã, mas adotam uma distância dela tal que suscitam a opinião de que ele era ateu, pagão, protestante e até mesmo católico recusante, cada interpretação ilustrada convincentemente a partir dos textos[20]. E, desde o Iluminismo, ficou claro que a poesia, a música e a arte — embora possam, muitas vezes, expressar uma profunda fé religiosa — são igualmente capazes de embarcar nesse espírito de ceticismo, invocando os valores da comunidade e dotando tudo o que tocam com um nimbo espiritual, ao mesmo tempo que se abstêm de qualquer compromisso com a doutrina teológica ou mesmo de desprezar essa doutrina, à maneira de Diderot (1713-1784), Shelley (1792-1822) e Nietzsche (1844-1900).

Esse processo de "afastamento" da religião cria a grande divisão entre os interesses de ócio das pessoas comuns e a cultura da elite crítica. Nas condições de escassez em que começam as civilizações, a festa religiosa e o culto semanal são os únicos momentos em que o espírito de ócio pode possuir a pessoa comum — e esses são momentos dedicados à religião e à afirmação da comunidade por meio de rituais, músicas e orações. Mas, à medida que avança o domínio sobre o ambiente, aumenta também o ócio. E, enquanto a elite dedica esse ócio recentemente abundante à contemplação e à alta cultura, as pessoas comuns utilizam-no para se envolverem em formas de recreação e distração distantes do ideal contemplativo defendido por Aristóteles. Chegou-se hoje ao ponto extremo em que nem a cultura de elite nem o entretenimento popular pertencem à prática da religião,

---

20. A teoria católica recusante recentemente teve um impulso impressionante de Patrick H. Martin e John Finnis: "The Identity of 'Anthony Rivers'", *Recusant History 26*, 2002, p. 39-74.

mas onde ambos, de forma secreta ou não tão secreta assim, carregam a marca da religião e a transportam para o mundo do bom senso esclarecido que agora nos rodeia, preciosos recipientes da intrigante escuridão a partir da qual a humanidade começou e pela qual uma parte de nós ainda anseia.

Contudo, mesmo na sua forma mais ateísta, a arte ocidental demonstra um grande respeito pelo mito, vendo-o tal como os trágicos gregos o viam – um veículo por meio do qual as verdades secretas da condição humana podem ser transmitidas em formato alegórico. Wagner (1813-1883) reescreveu os mitos germânicos e as lendas medievais, incorporando-os em obras de arte expressamente modeladas nas tragédias de Ésquilo. Desde então, tem sido comum entre os artistas representar a verdade espiritual da condição humana, utilizando-se de mitos antigos em formato de romance. Aos poucos a arte assumiu a tarefa de simbolizar as realidades espirituais que escapam ao alcance da ciência da religião. Dessa forma, à medida que a religião perdeu o seu domínio sobre a imaginação coletiva, a cultura passou a parecer cada vez mais importante, sendo o canal mais confiável por meio do qual ideias éticas elevadas podem entrar nas mentes das pessoas cépticas.

O meu argumento neste capítulo deixa-nos, portanto, com uma série de questões embaraçosas: pode a cultura realmente servir como um substituto da religião? É certo que isso aconteça? Não existem melhores usos para o nosso tempo de ócio? Existem boas e más formas de ensinar cultura e existe um currículo cultural mais adequado ao tipo de conhecimento que a cultura transmite? Todas essas questões exigem que exploremos a natureza do conhecimento humano e as formas pelas quais ele pode ser conservado, melhorado e transmitido.

CAPÍTULO 3

Conhecimento e sentimento

Uma das superstições mais profundamente enraizadas de nosso tempo é que o propósito da educação é beneficiar aqueles que a recebem. O que ensinamos nas escolas, as disciplinas que incentivamos nas universidades e os métodos de ensino aplicados estão todos sujeitos a um único teste abrangente: o que é que os alunos tiram disso? E esse teste logo dá lugar a outro, ainda mais pernicioso em seus efeitos, mas não menos persuasivo no pensamento dos educadores: é relevante? E por "relevante" quero dizer se é "relevante para os interesses das próprias crianças". Dessas superstições surgiram todas as receitas para o fracasso que dominaram os nossos sistemas educacionais: a proliferação de disciplinas efêmeras, a amenização das dificuldades, métodos de ensino que se esforçam por manter o interesse a qualquer custo – mesmo ao custo do conhecimento. Quer coloquemos a culpa em Rousseau (1712-1778), cujo livro *Emílio* iniciou o hábito de sentimentalizar o processo pelo qual o conhecimento é transferido de um cérebro para outro; ou em John Dewey (1859-1952), cuja hostilidade à "aprendizagem mecânica" e à disciplina antiquada levou à moda da "aprendizagem centrada na criança" ou simplesmente nas ideias igualitárias que estavam fadadas a varrer as nossas escolas quando os professores já não eram devidamente remunerados – seja qual for a forma como dividamos a culpa, é evidente que entramos num período de rápido declínio educativo, em que algumas pessoas aprendem em massa, mas as massas aprendem pouco ou nada.

O OBJETIVO DO CONHECIMENTO

A superstição a que me referi é, em certa medida, o contrário da verdade. Os verdadeiros professores não proporcionam conhecimento como um benefício aos seus alunos; tratam seus alunos como um benefício para o conhecimento. Eles amam seus alunos, isso é certo, mas amam mais o conhecimento. E a principal preocupação deles é transmitir esse conhecimento, alojando-o em cérebros que vão durar mais do que os seus. Os seus métodos não são "centrados na criança", mas sim "centrados no conhecimento", e o foco do seu interesse é o assunto, e não as coisas que possam tornar esse assunto, por enquanto, "relevante" para fins de nenhuma preocupação intelectual. Qualquer tentativa de tornar a educação relevante corre o risco de reduzi-la às partes que são relevantes para os não instruídos – que são invariavelmente as partes com menor vida útil. Um currículo relevante é aquele do qual foi extirpado o difícil núcleo de conhecimento, e, embora ele possa ser relevante agora, será inútil dentro de alguns anos. Por outro lado, o conhecimento aparentemente irrelevante, quando adquirido adequadamente, não é apenas uma disciplina que pode ser adaptada e aplicada; é provável que seja exatamente o que é necessário, em circunstâncias imprevistas. As ciências "irrelevantes" da álgebra booleana e da lógica fregeana deram origem, com o tempo, ao computador digital; os estudos "irrelevantes" do grego, do latim e da história antiga permitiram que um pequeno número de graduados britânicos governasse um império que se estendia por todo o mundo, enquanto os paradoxos "irrelevantes" da *Crítica da Razão Pura*, de Kant, fizeram com que a teoria da relatividade surgisse na mente de Albert Einstein (1879-1955).

Vale a pena dizer tudo isso, não só porque as superstições a que me refiro estão tão profundamente enraizadas nas nossas formas modernas de pensar, mas também porque aqueles que as adotam nunca verão o valor educativo da cultura, e nunca terão a menor ideia de como isso pode ser ensinado. O que beneficia as crianças comuns se elas conhecerem as obras de Shakespeare, adquirirem gosto por Bach (1865-1750) ou desenvolverem interesse pelo latim medieval? Todas essas conquistas apenas isolam a criança dos seus pares, colocam um véu entre o seu pensamento e o único mundo onde ela pode aplicá-lo e são, na melhor das hipóteses, uma excentricidade, e, na pior, uma desvantagem. A minha resposta é simples: pode não beneficiar a criança – pelo menos, ainda não. Mas beneficiará a cultura. E porque a cultura é uma forma de conhecimento, cabe ao professor procurar pelo aluno que irá transmiti-la.

TIPOS DE CONHECIMENTO

Para que essa resposta seja boa, porém, devo falar um pouco sobre o conhecimento. Quando dizemos que Maria sabe alguma coisa, queremos dizer que a sua maneira de pensar e agir é uma resposta à forma como as coisas são, de modo que o seu julgamento é confiável e as suas ações abençoadas com sucesso. Assim, se eu disser: "Ela sabe muito sobre essas coisas", dando tapinhas em um livro de física, você pode presumir que Maria é alguém que poderia lhe fornecer fatos sobre a física. Da mesma forma, quando eu aponto para ela na arena de adestramento e digo: "Ela realmente sabe o que está fazendo", você vai presumir que, se seguir o exemplo dela, também montará um cavalo. O tema do conhecimento é calorosamente disputado entre os filósofos, mas isso, pelo menos, é consenso. E explica por que o conhecimento é importante e por que os seres humanos desenvolveram procedimentos e instituições para adquiri-lo e transmiti-lo. O conhecimento adquirido é um ganho para todos nós; e o conhecimento perdido, uma perda que todos devem suportar. Não importa quem possui o conhecimento: o importante é que ele esteja lá, publicamente disponível, e que o ser humano saiba recuperá-lo desse fundo comum. É isso que a educação faz por nós: mantém o conhecimento vivo ao dotar as pessoas com a capacidade de invocá-lo, seja por já terem o internalizado como Maria, seja porque aprenderam a desbloquear os livros e registros nos quais ele está sequestrado. Esse livro de física pode conter todo o conhecimento de que precisamos sobre o assunto, mas, sem Maria e pessoas como ela, esse conhecimento será perdido – e talvez para sempre. Você e eu temos a chave para esse conhecimento, que é: "Pergunte à Maria". Mas, a menos que alguém realmente "saiba essas coisas", os livros e os registos não são melhores do que o livro da natureza, que nos olha em silêncio até redescobrirmos o feitiço que o faz falar.

Diz-se, por vezes, que vivemos agora numa "economia do conhecimento" e que a "tecnologia da informação" aumentou enormemente a extensão e a acessibilidade do conhecimento humano. Ambas as afirmações são falsas. "Tecnologia da informação" significa simplesmente o uso de algoritmos digitais na transferência de mensagens. A "informação" que é processada não é informação *sobre* nada, nem tem seu equivalente em conhecimento. Trata a verdade e a falsidade, a realidade e a fantasia, como equivalentes, e não tem meios para avaliar a diferença. Na verdade, como revela a internet, a tecnologia da informação é muito mais eficaz na propagação da ignorância do que no avanço da ciência. Pois na conquista do ciberespaço a ignorância começa a voar, adaptando-se aos hábitos das mentes ociosas. Da mesma forma, a afirmação de que existimos numa "economia do conhecimento" é totalmente infundada. O efeito da tecnologia da informação é dar precedência às imagens sobre o pensamento e multiplicar mil vezes o ruído que preenche o espaço em que as ideias são concebidas e negociadas. Consequentemente, quando se trata de grandes decisões, o ruído abafa a voz mansa e delicada da compreensão. Foi o conhecimento que permitiu a esses mil funcionários públicos britânicos governarem o vasto subcontinente da Índia, ou a um número comparável de cidadãos romanos trazerem a lei e a ordem a todo o mundo civilizado. Foi um conhecimento dolorosamente adquirido por meio de livros e adquirido em silêncio – e foi adquirido porque o ruído concorrente foi cuidadosamente filtrado pelas instituições educacionais que criaram um quadro de referência comum entre aqueles que as frequentavam. A América tem hoje vários milhões de funcionários públicos, empenhados em multiplicar e perpetuar os erros uns dos outros, e a causa disso é a informação.

Há outra razão para desconfiar da fácil equação entre informação e conhecimento: ela representa o conhecimento como um tipo único de coisa. O paradigma proposto é o do conhecimento factual, o tipo de conhecimento que pode estar contido em um livro didático e ser acessado por quem entende o que o livro diz. Mas esse é apenas um tipo de conhecimento, e relativamente tardio no cenário da instrução humana. Há também conhecimento prático – o conhecimento que se manifesta nas habilidades do caçador-coletor ou do soldado, e igualmente na capacidade de cuidar, apoiar e consolar. Os filósofos gregos, nesse contexto, distinguiram a teoria da *práxis*, argumentando que ambas são exercícios da mente racional. Pois, assim como existem razões para acreditar, também existem razões para agir; e, enquanto as primeiras contam para a verdade daquilo que se acredita, as segundas contam para a retidão do que é feito. A pessoa com conhecimento é aquela em quem se pode confiar para nos guiar em direção ao objetivo da razão, que é a verdade, num caso, e a retidão, no outro.

Na linguagem comum, fazemos uma distinção entre saber *que* e saber *como*, e o filósofo Gilbert Ryle (1900-1976) identificou esse fato como uma espécie de garantia para a antiga distinção[21]. Eu sei que a Terra gira em torno do Sol e sei como andar de bicicleta. O primeiro é o conhecimento de um fato, o segundo, de uma técnica. E é claro que posso saber andar de bicicleta mesmo que não tenha a menor ideia da teoria que explica por que as bicicletas mantêm o equilíbrio quando se anda nelas. Por outro lado, posso estar inteiramente familiarizado com a teoria, e não ter capacidade de permanecer equilibrado numa bicicleta.

FINS E MEIOS

Se a distinção entre conhecimento teórico e prático fosse apenas isso, teríamos dificuldade em encontrar um lugar para a cultura no currículo. Deveríamos ter, por um lado, as ciências exatas – como a física, a química e a matemática – juntas com a história e a geografia, pois todas elas lidam com fatos. E, por outro lado, deveríamos ter disciplinas técnicas – engenharia, artesanato e esportes.

---

21. RYLE, Gilbert. *The Concept of Mind*. Londres: Hutchison, 1949, cap. 2.

As línguas, que envolvem tanto conhecimentos factuais quanto competências práticas, estariam numa espécie de zona intermédia, mas a cultura não estaria em parte alguma do currículo. Que fatos se aprende com Chaucer, além daquele de ele ter escrito esses poemas? E que competências tem um inglês medieval para estabelecer alguma comunicação, por meio da poesia, com as crianças ocupadas de hoje?

Mas certamente o conhecimento prático envolve mais do que habilidades e técnicas. Alguém que domina as artes militares pode usá-las para fins bons ou ruins, e o mesmo se aplica a qualquer habilidade. No entanto, quando aprendemos uma habilidade, precisamos aprender algo a mais, que é como fazer uso adequado dela. O bom soldado, tal como esse personagem era desenhado na literatura, não era apenas alguém que dominava as artes da guerra; ele era alguém para quem o senso de honra e dever governava tudo o que fazia, em quem a impaciência com insultos e desafios era temperada pelo cavalheirismo e pelo desejo de proteger. Em suma, ele era alguém com um conjunto específico de virtudes militares – virtudes que poderiam muito bem levá-lo ao perigo ou a outros tipos de problemas[22], mas que atraíam para ele a admiração e o carinho daqueles que dependiam de sua coragem e de suas habilidades.

---

22. Esses "outros tipos de problemas" incluem aqueles que surgem quando a ética militar encontra complexidades sociais que desafiam o seu código de honra e a sua simplicidade fundamental de perspectiva: as trágicas possibilidades disso são exploradas por Ford Madox Ford em *The Good Soldier*.

Alguns filósofos, a esse respeito, falam de uma distinção entre conhecimento dos meios e conhecimento dos fins; para Aristóteles, a distinção era entre habilidade e virtude. Seja qual for o idioma que escolhermos, estaremos envolvidos na mais profunda controvérsia filosófica. Pode realmente existir conhecimento prático quando o que está em jogo não é a técnica ou a habilidade, e sim os propósitos aos quais os aplicamos? Existe realmente algo como visar ao [estado de] ignorância e algo como visar ao [estado de] conhecimento? E será essa a diferença entre a pessoa má e a boa nomeadamente uma diferença de *conhecimento*?

Resolver essa questão não é fácil. Mas a linguagem comum nos oferece outra pista. Reconhecemos não apenas o conhecimento do *que* e o conhecimento do *como*, mas também o conhecimento *(d)o que*, e essa expressão parece ser irredutível a qualquer uma das outras. Você está sentado em seu escritório e uma colega irrompe furiosa e o acusa infundadamente de insultá-la. Ao relatar o episódio depois, você diz: "Eu não sabia o que fazer". A que tipo de ignorância você está se referindo? Você chega do funeral do seu marido, varre com olhos desolados a casa que dividiu com ele, senta-se vazia e desamparada no sofá, e de repente você "sabe o que fazer": há amigos para quem escrever, tarefas para realizar e o quarteto de cordas que você estava ensaiando para um concerto.

Esse "saber o que fazer" assemelha-se muito ao que os filósofos tinham em mente ao referirem-se ao conhecimento dos fins. Não se trata apenas de saber como realizar algum propósito existente; é uma questão de ter o propósito certo, o propósito adequado à situação em questão. É claro que existe uma dificuldade apresentada pela palavra "adequado". Mas não nos faltam intuições sobre o que isso significa. A ação inadequada é marcada por um certo tipo de fracasso: ela se esvai, tropeça na confusão, torna a situação pior do que poderia ter sido. Por outro lado, a ação adequada é aquela que resgata o que pode ser resgatado, que traz sucesso onde o sucesso é viável, leva de uma afirmativa a outra, de modo que o agente nunca fica perplexo nem frustrado em seus objetivos. Em suma, esse tipo de "saber o que" tem a ver com o sucesso na ação. Aquele que "sabe o que fazer" é aquele em quem você pode confiar para ter a melhor chance de sucesso, sempre que o sucesso for possível.

SABER O QUE SENTIR

Mas a frase "saber *o que*" pode se aplicar a outro contexto, que é ainda mais pertinente ao meu tema: saber o que sentir. Quando sua colega irrompeu em seu escritório naquele dia para enchê-lo de insultos gratuitos, você não sabia o que sentir – raiva, perplexidade, medo, pena; tudo "passou pela sua cabeça", mas nenhum se apoderou dela. Quando, voltando para casa, após a caminhada que começou quando você saiu furiosa por uma briga conjugal, você encontra seu marido morto no chão da sala – então, talvez, você também não saiba o que sentir. E, talvez, você permaneça, durante dias, entorpecida, fria, quase inconsciente com o choque.

Mesmo as pessoas cujas reações sejam totalmente normais podem se encontrar numa situação dessas, sem "saber o que sentir" e procurando uma forma de seguir em frente.

Existem formas de "saber como" que envolvem "saber o quê". Saber como consolar o outro não é apenas uma questão de habilidade. Envolve saber o que sentir, além de saber como expressar esse sentimento em palavras e gestos. Significa ser capaz de ter empatia, mantendo, ao mesmo tempo, distância o suficiente para julgar quanta empatia seria correta e em relação a que aspecto da situação difícil do outro. Em geral, é no funcionamento da empatia que as nossas emoções passam pelo teste mais severo: a tentação de recuar diante do espetáculo do sofrimento, ou então de sentimentalizar e, assim, negar a realidade. Aprender o que sentir diante da dor ou da angústia de outra pessoa é um dos aspectos mais difíceis da educação moral.

Tomarei por certa a ideia do saber o que sentir e espero que os argumentos subsequentes o convençam de que tal coisa realmente existe e que é fundamental para a educação moral. Os dois tipos de "saber o que" não são tão diferentes como sugeri. Saber o que fazer significa estar motivado corretamente, e motivação correta significa sentimento correto. As conexões aqui são profundas, e foi Aristóteles quem primeiro tentou enunciá-las, argumentando que a ação correta brota da virtude e que a virtude é um hábito no qual está embutido um motivo reconhecível. Esse motivo requer, por sua vez, uma espécie de ordem nas emoções, uma capacidade de sentir corretamente em relação ao objeto certo, na medida certa. Dessa forma, a pessoa de bom temperamento é aquela que "está zangada com as coisas certas e com as pessoas certas, e, ainda mais, como deveria, quando deveria e enquanto deveria"[23]. De modo geral, para ensinar a virtude, devemos educar as emoções, e isso significa aprender "o que sentir" nas diversas circunstâncias que as motivam. A pessoa virtuosa, no entendimento de Aristóteles, não sabe apenas o que fazer e o que sentir: sua vida e suas ações estão imbuídas do tipo de sucesso que é a recompensa dos seres racionais, e que Aristóteles descreveu como *eudaimonia*, termo normalmente traduzido como felicidade ou realização.

ENSINANDO A VIRTUDE

Como a virtude é ensinada? A resposta de Aristóteles é simples: pela imitação. Mas a resposta é simples demais. Pois só podemos imitar ações virtuosas se estivermos em posição que as exija. A justiça rudimentar, a coragem rudimentar e as formas habituais de prudência e temperança são, evidentemente, sempre necessárias. Mas as experiências desafiadoras, as tentações difíceis, as complexidades humanas que um dia podem nos assolar são coisas que só encontramos quando é tarde demais para adquirirmos as virtudes que nos ajudarão. Talvez, ao praticarmos a virtude no nosso pequeno canto do mundo, estaremos mais preparados para praticá-la no grande campo do conflito humano. Mesmo que não seja esse o

---

23. *Nicomachean Ethics*, 1125b.

caso, podemos, no entanto, adquirir o conhecimento *do que sentir* nessas circunstâncias de provação. Não podemos ter certeza, quando chegar a hora, de que nos sentiremos como deveríamos, mas podemos ensaiar na imaginação o conhecimento do qual um dia poderemos necessitar.

Por exemplo, podemos ler histórias dos heróis e de suas aventuras; podemos estudar narrativas de façanhas históricas e observar imagens da vida que compartilhamos. Podemos ouvir homilias e ensaiar em forma de ritual as alegrias e os sofrimentos de pessoas reverenciadas e que são exemplos. De inúmeras maneiras, as emoções e os motivos de outras pessoas "comparecem diante de nós" nas obras de arte e cultura, e espontaneamente estabelecemos uma empatia, recriando na imaginação a vida que essas obras retratam. Não é que imitemos os personagens retratados, mas nós "nos movemos com" eles, adquirindo uma premonição interior dos seus motivos e chegando a ver esses motivos no contexto que o escritor ou artista fornece. Por meio da imaginação, alcançamos conhecimento emocional, e talvez essa seja a melhor forma, no avanço dos testes cruciais, de nos prepararmos para as alegrias e calamidades que um dia encontraremos.

Grande parte dessa educação imaginativa é conduzida por meio da religião. Os racionalistas tendem a pensar que a educação religiosa é a transmissão de doutrinas sobre Deus, o homem e a criação – doutrinas, acreditam eles, que não resistem ao exame científico e que, seja como for, dificilmente se adaptam àqueles que as aceitam como membros de uma comunidade moderna cética. Na verdade, a educação religiosa, ao longo dos tempos, tem estado muito pouco preocupada com a doutrina. A sua mensagem principal está contida em rituais, máximas e histórias, e o objetivo de todos os três é a educação moral – ensinar o que fazer e, mais importante, o que sentir, nas circunstâncias da vida humana comum. O objetivo da educação religiosa é, por um lado, o cultivo do coração, não da cabeça, e as doutrinas dão sentido a esse outro conhecimento, um conhecimento que adquirimos mais facilmente por meio de rituais, e por meio de palavras e exemplos sagrados, do que por meio de qualquer forma de teoria. Por outro lado – e aqui reside a profunda diferença entre religião e cultura – a educação da emoção pela religião ocorre apenas quando se acredita nas doutrinas. É por isso que a cultura não pode ser um substituto da religião, embora, num certo sentido, a religião seja um substituto da cultura na vida daqueles que carecem de "educação estética".

CONSERVANDO O CONHECIMENTO PRÁTICO

Voltemos agora às reflexões que deram início a este capítulo. Enfatizei que cometemos um erro ao acreditar que a educação existe principalmente para beneficiar os seus destinatários. Eu sugeri, em vez disso, que o objetivo da educação é preservar o nosso acervo comunitário de conhecimento e manter abertos os canais por meio dos quais podemos acessá-lo quando necessário. Essa pode parecer uma sugestão mais plausível quando se refere ao conhecimento *do que* do que quando se refere ao conhecimento de *como* ou *o quê*. O conhecimento prático parece muito mais intimamente ligado às circunstâncias da sua utilização do que o conhecimento teórico. No entanto, também é verdade em relação ao conhecimento prático que educamos as pessoas para conservá-lo, e, se alguma vez perdermos essa concepção, certamente perderemos todo o conhecimento prático que possuímos. Se alguma vez pensarmos que ensinamos competências apenas para beneficiar aqueles que as adquirem, as competências irão rapidamente declinar para as formas rudimentares que são mais facilmente concedidas a todos os interessados. Se, no entanto, acreditarmos que ensinamos competências para *manter essas competências vivas*, então continuaremos a nos esforçar, escolhendo os mais capazes de adquirir as competências em questão, incentivando-os a desenvolver o que adquiriram e a melhorá-lo. Fazemos isso tanto na engenharia e na tecnologia da informação como nos esportes, e é o principal argumento para a introdução de um elemento competitivo na educação – que assim selecionemos aqueles mais bem preparados para recebê-la, aprimorá-la e transmiti-la.

O mesmo se aplica a essa outra forma de conhecimento prático – não o conhecimento dos meios, mas o conhecimento dos fins, que indica o sucesso na ação e os sentimentos corretos que a geram. Os professores que desejam transmitir esse conhecimento não estão interessados apenas na distribuição das suas formas embrionárias: tal como os professores de física, eles desejam perpetuar uma aquisição humana comunitária, que será perdida se nunca for transmitida. É claro que eles podem transmitir os rudimentos da virtude e da simpatia da forma tradicional: por meio das histórias e máximas de uma religião e da educação nos costumes e na moral que a religião facilita. Mas eles estão conscientes da vasta gama e abundância de empatia humana e da sua incorporação e aperfeiçoamento nas obras de arte e reflexão. Ao induzirem o gosto por essas coisas, eles perpetuam o conhecimento do coração humano. Visões ideais da condição humana, não apenas daquilo que somos, mas daquilo que somos capazes, estão condensadas nas obras da nossa cultura. A partir dessas percepções adquirimos uma noção do que é intrinsecamente valioso na condição humana, um reconhecimento de que as nossas vidas não são consumidas apenas no fogo dos meios, mas também devotadas à procura de valores intrínsecos. O leitor de *Prelúdio*, de Wordsworth (1770-1850), aprende a animar o mundo natural com suas próprias esperanças puras; o espectador da *Ronda Noturna*, de Rembrandt (1606-1669), aprende sobre o orgulho das corporações e sobre a tristeza benigna da vida cívica; o ouvinte da sinfonia *Júpiter*, de Mozart (1756-1791), é presenteado com as comportas abertas da alegria e da criatividade humanas; o leitor de Proust (1781-1922) é conduzido através do mundo encantado da infância e levado a compreender a misteriosa profecia de nossas tristezas posteriores que esses dias de alegria contêm. Tais experiências são intrinsecamente valiosas para nós e fazem parte daquele conhecimento inimitável da vida que é o dom da cultura.

Em suma, deveríamos ver a cultura tal como Schiller e outros pensadores do Iluminismo a viam: o repositório do conhecimento emocional, por meio do qual podemos compreender o significado da vida como um fim em si mesmo. A cultura herda da religião o "conhecimento do coração", cuja essência é a empatia. Mas ela pode ser transmitida e aprimorada, mesmo quando a religião que a gerou estiver extinta. Com efeito, nessas circunstâncias, o mais importante é que a cultura seja transmitida, uma vez que se tornou o único testemunho comunicável da vida superior da humanidade.

RESPONDENDO AO CRÍTICO

Mas isso nos traz de volta à objeção mencionada no final do último capítulo: a do "esteta do mal" e do "filantropo filisteu". Muitas das pessoas mais cruéis eram altamente cultas – Lênin (1870-1924), Hitler, Stálin e Mao (1893-1976), para não falar de todos aqueles estetas de botas de cano alto que comandavam os campos. Muitas mais pessoas têm sido modelos de solidariedade e virtude, aliviando o sofrimento, sacrificando o conforto, resistindo corajosamente à tortura e espalhando ao seu redor bondade, justiça e boa vontade, mesmo que nunca tenham aberto um livro, visitado um teatro ou colocado os pés em uma galeria. Os exemplos não são dados meramente como instâncias empíricas: pretendem sugerir uma desconexão *a priori* entre a "educação estética" e a vida moral. Não há nenhuma razão *a priori* para que uma familiaridade com a cultura deva despertar empatias reais – na verdade, há todas as razões para acreditar que, ao gastarem as suas ternas emoções em ficções, as pessoas esteticamente educadas se incapacitam para encontros reais. Pior, elas podem ser tentadas a "estetizar" o mundo real, colocando a beleza acima da bondade no seu esquema de valores, e talvez a apreciarem o espetáculo do sofrimento como parte de algum quadro esteticamente atraente.

Há uma resposta simples para essa objeção. A vida humana é conduzida sobre uma fina camada de normalidade, na qual o respeito mútuo mantém um equilíbrio cordial entre as pessoas. Abaixo dessa fina camada, está o mar escuro dos instintos, em sua maioria inativos, mas, às vezes, irrompendo em uma demonstração de violência. Acima está o ar cheio de luz do pensamento e da imaginação, no qual se expandem as nossas empatias e o qual povoamos com as nossas visões do valor humano. A cultura é a prática coletiva que renova essas visões e estende as nossas empatias a todos os cantos do coração. É o registro contínuo da vida dos sentimentos que oferece a cada nova geração os exemplos, imagens e palavras que lhe ensinarão o que sentir. Mas, quando as erupções ocorrem, nada se pode fazer para domar a violência. A religião não pode fazer nada, nem a moralidade comum. Pois a violência gera violência, e a raiva gera raiva. As pessoas boas, sejam elas instruídas ou não, sejam estetas ou filisteus, tentarão trazer ordem e decência no meio do caos, mas as pessoas más sempre resistirão a elas; e, nos piores momentos do conflito humano, são as pessoas más que prevalecem. Algumas dessas pessoas más serão cultas; outras serão religiosas; todas elas estarão inclinadas para um caminho de destruição, consultando a sua fé ou a sua educação apenas como uma fonte de desculpas e nunca como uma ordem para parar. Nenhuma instituição, nenhuma doutrina, nenhuma arte que os seres humanos tenham inventado foi capaz de prevenir as atrocidades que ocorrem uma vez rompida a camada da vida normal. Por que isso acontece é uma questão para o antropólogo e o geneticista; mas que isso de fato acontece, já foi demonstrado sem sombra de dúvida.

Mas e o filantropo filisteu? Não será ele uma prova segura de que a moralidade e a cultura têm pouco ou nada a ver uma com a outra, e que os nossos esforços educativos seriam mais bem gastos no primeiro desses ativos, em vez de desperdiçados (como poderiam ser) no segundo? O filantropo filisteu com certeza tem o que as pessoas precisam em tempos de provação: as virtudes que tornam as pessoas úteis para si mesmas e para os seus semelhantes. Mas essas virtudes morrem com aqueles que as possuem. Somente se a sua memória for perpetuada em narrativas, imagens e canções é que os outros poderão saborear o pensamento deles e aprender plenamente a admirar e a imitar o que lhes é mostrado pela arte. É a partir da nossa cultura que aprendemos a compreender e a amar as virtudes simples: sem a Tess, de Hardy (1840-1928); o Michael, de Wordsworth; a Jeanne d'Arc, de Péguy (1873-1914); e outras imagens de simplicidade, não compreenderíamos toda a força da objecção que nos diz que essas pessoas são admiráveis, além do alcance de malucos cultos como você e eu.

Além disso, não devemos esperar da cultura o que a religião e a moralidade não conseguem proporcionar nos nossos tempos de provação. O que podemos esperar é que a cultura conserve, apesar de quaisquer problemas, a mensagem de algo superior: a imagem de um mundo de sentimentos humanos que é também uma prova do valor humano. Nesse sentido, transmitimos cultura tal como transmitimos ciência e habilidade: não para beneficiar o indivíduo, mas para beneficiar a nossa espécie, conservando uma forma de conhecimento que, de outra forma, desapareceria do mundo. Arnold definiu a cultura que defendia como "a melhor que já foi pensada e dita", e a frase pegou, pois parecia justificar o enorme dispêndio de energia que dedicamos à tarefa de garantir que Shakespeare e Milton (1608-1674), Mozart e Bach, Bernini (1598-1680) e Rembrandt sejam tão homenageados por nossos filhos quanto por nós. Mas a frase é apenas um espaço reservado para algo mais examinado – para alguma explicação do que poderia ser o "melhor" na área de pensar e dizer. Foi isso que tentei esboçar neste capítulo.

CAPÍTULO 4

Os usos da crítica

Mesmo que seja verdade que a cultura contém um legado de conhecimento emocional e um registo do valor humano, isso não ajuda o professor a resolver as questões mais importantes: que partes da cultura, que obras de arte e literatura, que práticas culturais devo apresentar aos meus alunos e como devo ensiná-los a gostar dessas coisas? Na verdade, o argumento do último capítulo jogou-nos, mais uma vez, em meio a uma das mais difíceis e carregadas controvérsias intelectuais – aquela relativa à natureza e à objetividade dos valores estéticos. Seguindo a prática anterior, resolverei essa questão com o riso.

VALORES INTRÍNSECOS

A comédia é um ingrediente fundamental em qualquer cultura séria e é também um fórum exemplar onde os nossos sentimentos sociais são postos à prova. Como sugeri no capítulo 1, no cerne de toda diversão verdadeira está um julgamento, e é esse julgamento que nos permite rir. Rimos do que fica aquém, do que indica pequenez no seio da grandeza ou de um descompasso entre o ideal e o real. E, em todas as suas formas, o riso é uma resposta social: mais ainda, é uma resposta de *construção da sociedade*. Ao rir de alguma coisa, mesmo quando rio sozinho, estou me situando numa comunidade imaginada de pessoas divertidas: pessoas que julgam como eu julgo e que respondem como eu respondo. Aprendemos a rir quando estamos acompanhados, e o riso sela o nosso companheirismo. O riso vazio surge do reconhecimento de que alguém está sozinho no riso e, portanto, não está mais verdadeiramente se divertindo.

As piadas e as comédias são intrinsecamente interessantes: nós desfrutamos delas pelo que elas são e, mesmo que seja verdade que também têm, ou podem ter, um valor terapêutico, não é isso que nos interessa. Piadas e comédias existem para serem apreciadas, e apreciadas por seu valor intrínseco. Em suma, são objetos estéticos, e, quando os criticamos ou elogiamos, estamos empenhados em expressar e defender valores estéticos. Aqueles que pensam que não existem valores estéticos deveriam olhar mais de perto para a prática do riso humano, que é – considerado de uma perspectiva – uma busca contínua por eles e uma explosão repetida na sua descoberta.

Mas como podemos discutir esses valores? A descrição deles como intrínsecos não os coloca fora de discussão, assuntos de gosto particular a respeito dos quais poderíamos igualmente concordar ou concordar em divergir? E não era isso que a velha expressão latina *de gustibus non est disputandum* [não há disputa de gostos] queria dizer? Justificar um certo interesse em alguma coisa é automaticamente colocar essa coisa no domínio dos meios – é perguntar: que bem isso faz? Responder que é bom em si é simplesmente abandonar a discussão. Pelo menos é isso que parece, e daí que vem o título do livro de John Carey: *What Good Are the Arts?*[24]. Ao que Carey responde: nada[25].

Suponha que alguém fizesse a pergunta "para que servem os amigos?". Certamente seria fácil encontrar algumas respostas, e respostas que todos nós endossaríamos. Os amigos são uma cura para a solidão; oferecem ajuda em tempos de dificuldade, cooperação em empreendimentos comuns e consolo após perdas. Uma pessoa com amigos amplia seu poder, seu alcance e seu potencial criativo. Uma pessoa sem amigos fica reduzida às condições mínimas de sobrevivência.

Tudo isso sugere que um amigo é um bom meio. Mas suponha que eu aborde Julieta com esse pensamento em mente. Reconheço-a como uma pessoa de alto nível, alguém que me trará todo tipo de vantagens que eu não conseguiria alcançar sozinho. Calculo todas as maneiras pelas quais ela me beneficiará e proponho "trazê-la" para o meu lado. Isso é tratá-la como amiga? Certamente não. Tratar Julieta como amiga é valorizá-la por ela mesma, como a pessoa que ela é. É valorizá-la, nos termos de Kant, "como um fim em *si mesma*". Somente alguém

---

24. Em tradução livre, "Para Que Servem as Artes?". (N. T.)
25. John Carey, *What Good Are the Arts?*.

que vê outras pessoas como tendo valor intrínseco pode fazer amigos. Isso não significa que seus amigos não terão valor instrumental. Mas o seu valor instrumental depende da recusa em buscá-lo. O uso dos amigos está disponível apenas para quem não o busca. Aqueles que colecionam amigos por uma questão de utilidade não estão colecionando amigos: estão manipulando as pessoas.

Esse argumento sugere que os valores intrínsecos também podem ser valores instrumentais, mas apenas quando não são tratados como tal. O cultivo de valores intrínsecos pode, portanto, ser um dos nossos hábitos mais úteis. Se for assim, existe uma verdadeira questão sobre quais coisas devemos valorizar por si mesmas e como podemos apoiar e educar o nosso julgamento. A risada novamente oferece uma ilustração. Quando alguém responde a uma piada com as palavras "isso não tem graça!", sugere uma crítica séria não só à piada, mas também à pessoa que a fez. A implicação é que estamos sendo convidados a rir de algo de que não deveríamos rir, seja porque é um assunto muito sério, seja porque rir seria de mau gosto ou maldade. O riso pode rebaixar aquilo que toca e, ao tornar desprezível aquilo que merece nosso amor, respeito ou caridade, rebaixa a pessoa que ri. É perfeitamente claro, portanto, que podemos criticar as piadas e apontar os seus defeitos morais. E podemos fazer isso sem nos afastarmos da visão de que as piadas, se são boas, são *intrinsecamente* boas pelo que são, e não pelo que suscitam. A piada de mau gosto é aquela com a qual não devemos nos divertir. A boa piada é aquela que é genuinamente divertida – em outras palavras, aquela que, ao mesmo tempo, provoca diversão e a justifica. E em todos os casos divertimo-nos com as piadas *por si mesmas*, e não pelos seus efeitos.

Mas as piadas, comédias e coisas divertidas têm sim efeitos benéficos. Ao rirmos juntos, lubrificamos as rodas da sociedade. Concordar no nosso riso é concordar nos nossos julgamentos, e uma piada partilhada é uma forma muito mais eficaz de preencher um breve encontro do que uma observação partilhada sobre o tempo, uma vez que envolve não apenas uma crença, mas uma avaliação. Quando você e eu rimos juntos, revelamos um ao outro que vemos o mundo sob a mesma luz, que entendemos suas deficiências e as consideramos suportáveis. Estamos conjuntamente "amenizando" nossos fardos, compartilhando-os indiretamente. As histórias cômicas e as caricaturas são fundamentais para as culturas tradicionais, precisamente porque provocam essa resposta, e uma civilização que não consegue rir de si mesma – como a civilização islâmica de hoje – é perigosa, uma vez que lhe falta a via principal pela qual as pessoas enfrentam sua própria imperfeição.

JULGANDO A ARTE

Decerto não é difícil estender esse argumento à arte, literatura e música. Essas coisas são interessantes por si mesmas. Mas também conferem outros benefícios. Elas criam um quadro de referência que nos permite comunicar nossos estados de espírito. Elas oferecem consolo, diversão, prazer e estímulo emocional de mil maneiras. Mas não as julgamos medindo esses bons efeitos. Pelo contrário, nós as julgamos pelos seus méritos intrínsecos. A questão que se coloca diante do crítico não é: "isso tem efeitos bons ou ruins?", mas "este é um objeto de interesse adequado?"

Considere a categoria do obsceno. Hoje em dia, criticar obras de arte como obscenas é menos comum do que antigamente. Mas todos nós entendemos o que a crítica significa. A obscenidade está envolvida sempre que o corpo humano é colocado diante da pessoa humana de modo a eclipsar a alma. Isso acontece na exibição gráfica da atividade sexual, e também nas cenas gráficas de violência em que o corpo, por assim dizer, assume o controle. Ao criticar uma obra de arte pela sua obscenidade, estamos sugerindo que é errado interessar-se por esse tipo de coisa. Por que isso está errado? Porque tal interesse expressa uma atitude despersonalizada em relação ao corpo humano, uma atitude que esvazia a forma humana do seu significado moral e espiritual. É claro que você pode discordar dessa afirmação, e ela certamente precisa de mais defesa do que posso dar aqui. Mas suponhamos que seja verdadeira: ela, então, implica que existe um defeito intrínseco, e não meramente instrumental, numa obra de arte obscena. É um defeito intrínseco, porque a obscenidade é uma qualidade que convida um interesse moralmente duvidoso. Sem dúvida é também um defeito instrumental: sem dúvida a obscenidade induz a maus hábitos de pensamento, a maus hábitos de percepção e a maus hábitos de sentimento, aos quais contaminam o nosso comportamento em relação aos outros no mundo da vida real. Mas não é a isso que nos referimos quando criticamos a obscenidade na arte. Estamos nos referindo a um defeito na própria obra de arte, que seria um defeito mesmo que a obscenidade não tivesse efeitos discerníveis sobre aqueles que estavam interessados nela. Pois é o próprio interesse que é errado.

Consideremos agora a categoria do sentimental. O sentimentalismo, assim como a obscenidade, cria hábitos. E aqueles a quem ele apela, muitas vezes, desconhecem a sua principal característica, que é o fato de ser um fingimento. Palavras e gestos sentimentais são formas de encenação: fingir emoções nobres quando, na verdade, têm outras motivações. Assim, o luto real centra-se no objeto, na pessoa perdida e lamentada, enquanto o luto sentimental centra-se no sujeito, na pessoa que sofre, e cuja principal preocupação é mostrar ao mundo os seus belos sentimentos. Portanto, é uma marca do sentimentalismo que o objeto se torne nebuloso, idealizado, visto sem nenhuma preocupação real com a verdade.

De novo, você pode discordar dessa afirmação. Mas, se for verdadeira, ela mostra exatamente porque é que os críticos condenam o sentimentalismo na arte. Ao responder à poesia, por exemplo, estamos respondendo com simpatia à expressão do sentimento. Existem sentimentos aos quais devemos mostrar empatia e com os quais aprendemos "o que sentir" no sentido descrito no capítulo anterior. Mas também existem sentimentos com os quais não devemos mostrar empatia e cuja expressão poética devemos adotar um olhar crítico. As obras sentimentais são desse tipo. Pois elas são, num sentido importante, irreais – o resultado de uma forma desonesta e geralmente autoenganada de encenação. Deveríamos olhar para elas considerando a distância que elas urgentemente se esforçam tanto para abolir, e olhá-las dessa distância com suspeita. Isso é o que Oscar Wilde (1854-1900) tinha em mente quando disse a famosa frase, sobre a cena, melifluamente escrita, em que Dickens (1812-1870) descreve a morte da Pequena Nell, que "é preciso ter um coração de pedra para não rir ao ler a morte da Pequena Nell". Isto é, esse convite à emoção é um convite à emoção falsa, e a emoção falsa é inimiga da verdadeira solidariedade; é o mau hábito que cria o "coração de pedra".

É possível que a comercialização do coração humano pelos meios de comunicação modernos seja responsável pela histeria com que os traumas modernos são recebidos. Mas não é a esses efeitos negativos que um crítico se refere ao criticar uma obra de arte sentimental. O sentimentalismo está na página, na tela ou nas notas [musicais]: é uma propriedade intrínseca da própria obra. A tarefa do crítico é revelá-lo tal como é, além de também mostrar que uma obra com esse defeito não justifica a atenção pela qual clama.

SABER O QUE SENTIR

Aqui devemos recordar o argumento a respeito do conhecimento que esbocei no capítulo anterior. "Ensaiamos" a nossa empatia por meio do nosso encontro com ficções e, assim, passamos a "saber o que sentir" em situações que não havíamos nos encontrado anteriormente. Num célebre ensaio, "Reality and Sincerity"[26], publicado na *Scrutiny*, em 1952, o crítico F. R. Leavis (1895-1978) comparou negativamente "Cold in the Earth"[27], de Emily Brontë (1818-1848) a "After a Journey"[28], de Thomas Hardy[29]. Leavis escreve: "Emily Brontë concebe uma situação com o intuito de ter a satisfação de um exercício imaginativo disciplinado; a satisfação de dramatizar a si mesma em um papel trágico – uma atitude, nobremente impressionante, de desolação apaixonada severamente controlada". E ele contrasta o "falar sobre" a emoção de Brontë com a "apresentação silenciosa de fatos específicos e circunstâncias concretas" de Hardy. Cada poema, segundo Leavis, nos conduz a um mundo e, ao mesmo tempo, "convida uma reação" a esse mundo. A reação não é a do poeta, mas a do leitor – embora o objetivo de cada autor seja criar uma empatia entre o leitor e o poeta. Sobre o primeiro verso do poema de Hardy ("Aqui venho para ver um fantasma sem voz"), Leavis escreve que "'ver', reconhecemos, não é uma perversidade insensível; é a palavra compelida pela situação intensamente realizada, e sentimos que ela se impõe a Hardy (e também a nós) como certa e insubstituível". A sinceridade do sentimento expresso é consistente com a natureza concreta da situação representada – a recusa

---

26. Em tradução livre, "Realidade e Sinceridade". (N. T.)
27. Em tradução livre, "Frio na Terra". (N. T.)
28. Em tradução livre, "Após uma Jornada". (N. T.)
29. "Reality and Sincerity" in *Selections from Scrutiny*, Cambridge: CUP, 1968, vol. 2.

em recuar para abstrações heroicas – e essa sinceridade força a nossa empatia, tal como as palavras "impostas" ao poeta se impõem também a nós.

A análise está longe de ser indiscutível, mas nos orienta para dois pontos importantes. O primeiro é que a empatia do leitor está sendo convidada para o estado emocional transmitido pelo poema, e que essa empatia pode ser oferecida ou negada. O segundo é que a empatia certamente será negada ao primeiro sinal de falta de sinceridade, e o sinal da falta de sinceridade é uma imprecisão, uma falta de tangibilidade, na situação apresentada. As palavras podem fluir melifluamente, convidando-nos a endossar o sentido de tragédia desejado do poema, como Leavis afirma ser o caso no exemplo de Brontë. Ou elas podem, como no caso de Hardy, tropeçar em fatos difíceis e recalcitrantes, reconhecendo a complexidade do luto e a imperfeição daqueles sentimentos recordados. Neste último caso, a própria concretização da imagem suscita a nossa empatia. Nós nos movemos com o poeta, obrigados a imaginar a situação exatamente como ela o afeta. Essa concretização desencadeia aquele primeiro ato de julgamento que põe em movimento a empatia. E, quando as nossas emoções empáticas são, dessa forma, guiadas pelo julgamento, estamos "aprendendo o que sentir".

Os recursos literários têm sua própria maneira de impor um argumento. A rima, o ritmo, o som das palavras e a ordem das palavras podem nos levar a avançar em direção a um objetivo ao qual podem ser difíceis de resistir. Nesse caso – e Leavis sugere que isso pode ser verdade no poema de Brontë –, muitas vezes, nós nos vemos ensaiando uma emoção de empatia por um estado de espírito que merece menos do que um endosso sincero. Por outro lado, um poema pode, por meio dos seus recursos literários, afastar-nos de um estado de espírito que ele parece expressar, permitindo assim a empatia, apesar de brincarmos com emoções desoladas ou sombrias. Veja este poema de Housman (1859-1936):

> Eu para meus riscos
> De trapaça e transe
> Venho vestido em armadura
> por estrelas bondosas.
>
> A esperança mente para os mortais
> E a maioria acredita nela,
> Mas o enganador do homem
> Nunca foi meu.
>
> Os pensamentos dos outros
> Eram leves e fugazes,
> Sobre encontro de amantes
> Ou sobre sorte ou fama.
>
> Os meus eram sobre problemas,
> E os meus eram determinados,
> Então eu estava preparado
> Quando o problema apareceu.

Christopher Ricks escreve que "o poema fala sobre uma coisa espasmódica e sombria, mas de que forma? Com alegria e inteligência"[30]. A forma do poema, seus ritmos dançantes e sua referência irônica aos sofrimentos

---

30. *The Force of Poetry*. Oxford, 1984, p. 165.

insuportáveis de Jó (citados na última linha) indicam um afastamento consciente da postura de desespero adolescente pela qual Housman é, muitas vezes, tão reprovado e – sugere Ricks – isso permite nossa empatia, permitindo-nos "alinhar-nos" com o sentimento do poema. O sentimento é condicionado pela leveza da música do poema e, ao nos submetermos a essa música, também nos distanciamos dos caminhos demasiado fáceis de uma misantropia imatura.

EMPATIA E JULGAMENTO

Nos exemplos, vemos dois críticos mostrando como os poemas podem nos ensinar "o que sentir" por meio do exercício da empatia. O poema "indica o caminho" para uma emoção e nos convida a empatizar com ela. Mas, exatamente nesse ato, abre o caminho para o julgamento. A situação está definida com precisão? Será que a linguagem, o ritmo, a técnica literária procuram atrair-nos de forma acrítica ou, pelo contrário, convidam-nos a ver as coisas como elas são e a oferecer a nossa empatia apenas mediante demonstração de que ela está sendo corretamente oferecida? Essas e outras questões semelhantes surgem todas de um pensamento subjacente, que é o de que as respostas empáticas às obras de arte são também ensaios de empatias que poderiam ser aplicadas na vida. E esse pensamento, por sua vez, sugere algo importante sobre a ligação entre a vida e a literatura. De acordo com a ideia aristotélica de educação moral, a virtude é ensinada pela imitação, a imitação instila hábitos e os hábitos transformam-se em motivos. Se a boa literatura tem um valor moral, então é certamente porque ela alimenta esse processo, ensinando-nos o que sentir em relação às ações, aos personagens e aos destinos dos nossos semelhantes. E, se a má literatura deve ser evitada, é também porque ela nos induz a sentir empatia onde a empatia é um equívoco.

Considerei apenas dois conceitos críticos − obscenidade e sentimentalismo − e tentei mostrar como eles aparecem nos julgamentos de valor estético. Mas o que eu disse sobre esses dois conceitos pode ser estendido para abranger outras ferramentas familiares de exame crítico: a sinceridade (o "anel da verdade"); a tragédia; a profundidade; a sabedoria; a elegância − a beleza propriamente dita: tudo isso denota características intrínsecas de uma obra de arte e também convites à nossa empatia. A crítica visa justificar os julgamentos que elas contêm e, ao fazê-lo, distinguir as ocasiões certas e erradas de interesse estético. Não há nada de paradoxal nisso, nem vai de encontro à verdade óbvia de que, em última análise, o julgamento estético diz respeito à resposta individual à obra individual. É um exame tão racional quanto a crítica às piadas e molda a grande conversa que é o cerne de uma cultura literária.

Ainda assim, alguém poderia dizer, mesmo que exista essa disciplina no coração da cultura, ainda não sabemos como e por meio de quais artefatos apresentá-la aos jovens. Admitindo que o nosso objetivo ao introduzi-la não é beneficiar os jovens, mas sim a cultura, nomeando os seus futuros tutores, continua a ser verdade que há demasiada cultura por aí, e muito pouco espaço, por falta de exercício, nas únicas mentes disponíveis para recebê-lo. Então, como começamos a tarefa de transmitir as coisas?

CAPÍTULO 5

Ensinando a cultura

A introdução de crianças à matemática começava quando aprendiam a "tabuada" – um exemplo da aprendizagem mecânica condenada por Dewey. Uma vez internalizadas as tabelas, as crianças eram capazes de rapidamente fazer cálculos simples e prosseguir para a geometria e a álgebra sem se deterem nas somas. Aos dezesseis anos, os jovens com mais facilidade em matemática já dominavam os fundamentos do cálculo diferencial e começavam a lidar com equações diferenciais. Os primeiros anos de aprendizagem mecânica catalisavam, na verdade, uma parte da química cerebral herdada e criavam as ligações neuronais que possibilitam a instalação de um programa matemático após o outro.

As coisas já não são assim, e a competência matemática é um recurso, cada vez menor, nas sociedades ocidentais. Um fator que contribuiu para isso foi a abolição da aprendizagem mecânica. Igualmente importante, porém, tem sido uma falácia intelectual peculiar, que afirma que, ao aprender uma ciência difícil, devemos começar pelo básico. A reformulação de Frege (1848-1925) e Russell feita por Zermelo (1871-1953) mostrou que a teoria dos conjuntos, e não a lógica das classes, é o fundamento da matemática, sendo um cálculo que gera todas as propriedades dos números a partir das suposições mais esparsas possíveis[31]. E a teoria dos conjuntos tem a vantagem de poder ser visualizada, mostrando uma coisa dentro ou fora de outra. Daí surgiu a "nova matemática", na qual as crianças partem de imagens que representam as relações de inclusão entre conjuntos e prosseguem para os números apenas abstraindo-os da narrativa pictórica, e nunca memorizando as suas relações intrínsecas. Na verdade, porém, as imagens colocam uma barreira entre as crianças e o uso natural da aritmética nos cálculos diários, e toda a aprendizagem subsequente foi atrasada por isso.

A ORDEM DE ENSINO

O exemplo ensina uma lição importante. Aqueles que entendem de um assunto sabem lidar com seus fundamentos. Aqueles que ainda não o compreenderam devem se concentrar nos seus resultados mais vívidos e facilmente memorizáveis. Isso vale tanto para a cultura quanto para a matemática, muito embora o conhecimento envolvido

---

31. ZERMELO, Ernesto. "Untersuchungen über die Grundlagen der Mengenlehre I." *Mathematische Annalen*, 65, 1908, p. 261–281. Tradução para o inglês, "Investigations in the foundations of set theory" in John von Heijenoort, *From Frege to Gödel*, 1967, p. 199–215. Heijenoort documenta a história de uma das grandes conquistas da nossa cultura, pela qual os pensadores envolvidos nunca poderão ser suficientemente homenageados.

seja um conhecimento do coração, e não da cabeça. Para o acadêmico literário, a literatura inglesa se organiza em uma árvore, crescendo desde as raízes anglo-saxônicas, por meio do grande tronco de Chaucer e Langland (1332-1386), até o nó fértil de Shakespeare, após o qual se ramifica em poesia metafísica, drama jacobino, filosofia política e a constante sedimentação da prosa imaginativa que se tornaria o romance. Mas você não poderia ensinar o assunto de acordo com esse esboço. A criança descobrirá, no devido tempo, que *Beowulf* e *The Seafarer* ecoam em palavras da poesia moderna, e essa descoberta enriquecerá a leitura de toda a literatura que veio depois deles. Enquanto isso, é necessário aprender o que é aprendível.

Assim, faz parte da natureza da cultura moldar-se em torno de um cânone. Os leitores de literatura não concordam sobre tudo, mas concordam sobre quais obras são extremamente importantes. Todos os que entram no mundo da cultura buscam orientação. Mas a orientação está na própria cultura. Muito em breve, o iniciante descobre que o território já está mapeado: que a "busca comum" do verdadeiro julgamento está em ação, construindo estradas e sinalizando monumentos. Começando com o que é comovente e memorável, os alunos descobrem as ligações que unem isso a outras obras do cânone e o que lhes permite, por fim, fazerem o seu próprio mapa mental do território. Tudo o que precisam compreender é que as ligações são feitas por meio do julgamento. A exata capacidade envolvida na apreciação de uma obra literária está viva nas comparações que a colocam no cânone.

Como então deveria proceder uma educação literária? Parece-me evidente que o aluno deve adquirir, o mais rapidamente possível, a ideia de um clássico – uma "pedra angular", como Arnold o chamou – em outras palavras, uma obra cujo significado perdura através de gerações e fornece um ponto de comparação para outras criações menos importantes. Uma vez que essa ideia tenha sido adquirida, o aluno não terá dificuldade em tratar a cultura literária como um bem partilhado – um quadro de referência que promove a comunicação entre todos aqueles que a reconhecem e que permite a apreciação constante de novas obras, novas experiências e novas empatias. Memorizar os clássicos da poesia lírica, ler em voz alta trechos dos épicos, representar as peças de Shakespeare: esses deveriam ser os primeiros passos de uma educação literária. Pois esses são os passos que permitirão aos alunos, por fim, libertarem-se do professor e prosseguirem por um caminho próprio.

Não é isso que vemos em muitas escolas hoje. Sem que seja sua culpa, os professores são incentivados a usarem textos considerados "relevantes", de maneiras que Shakespeare e Keats (1775-1821) já não são mais relevantes – textos como os poemas de Maya Angelou (1928-2014), que supostamente se envolvem com realidades políticas que não podem ser abordadas por meio dos clássicos. Os alunos recebem *Harry Potter*, de J. K. Rowling, e *A Bússola de Ouro*, de Philip Pullman, como seus primeiros exemplos de prosa inglesa, obras que, apesar de todos os seus méritos inegáveis, não têm uma relação clara com os pensamentos e emoções que governam o mundo adulto. Em todos os lugares, supõe-se que, se quisermos apresentar a literatura às crianças, devemos usar obras que se relacionem diretamente com o mundo que é delas, ou com as realidades políticas que as cercam. É claro que há caminhos de volta, das obras que mencionei aos clássicos: de Maya Angelou a Charlotte Brontë, cuja autobiografia é tão próxima à da dra. Angelou, de Philip Pullman a Milton, que nos deu, nas batalhas dos poderes celestes, os cenários de tantos épicos posteriores, e de J. K. Rowling a Dickens, com quem ela aprendeu a magia dos nomes e o amor pelo grotesco. Mas seria melhor traçar as influências para frente, e não para trás: ensinar o que é mais pleno e mais imbuído de sentimento real, antes de mostrar como a grande arte pode se infiltrar em um mundo onde os voos da fantasia tomam o lugar dos estados mentais imaginados.

ENSINANDO MÚSICA

O mesmo se aplica no domínio da música. Frequentemente, presume-se que a música, por não ser uma arte representacional e, portanto, não ter conteúdo conceitual ou narrativo, não tem conteúdo moral. Não diz nada, e não há nada para apreciá-la, além do simples desejo imediato de ouvir e desfrutar. Seguindo essa linha, muitos educadores acreditam que não há nenhuma razão vinculativa para ensinar às crianças a apreciarem as obras de Mozart, em vez de permanecerem fixadas em qualquer grupo pop ou estrela do rap que prenda a sua atenção no momento. No caso da literatura, podemos fazer todos aqueles julgamentos comparativos e críticos a que me referi no capítulo anterior – argumentando que esse é um objeto digno de empatia e deve ser evitado. No caso da música, não podemos fazer nada, exceto permitir que os gostos dos nossos alunos cresçam e se desenvolvam por conta própria.

Curiosamente, porém, é a música que domina as poucas observações sobre educação estética que encontramos em Platão e Aristóteles. De acordo com ambos os pensadores, os modos de música "imitam" estados de espírito e de carácter e, ao dançar ou marchar ao som do seu som, transferimos esses estados para nós mesmos[32]. Por isso que é muito importante garantir que as crianças dancem ou marchem em direção às coisas certas – aos modos que inculcam a virtude, em vez daqueles que dão forma e ritmo ao vício.

Essa sugestão pertence a uma cultura musical que desapareceu. Mas contém um importante fundo de verdade. No capítulo anterior, argumentei que a crítica é uma parte vital da compreensão da literatura, porque a literatura nos convida a sermos empáticos com as emoções e com os personagens que apresenta. Por meio da literatura, podemos "aprender o que sentir" e aprender, principalmente, a discernir as reivindicações feitas sobre as nossas empatias. Embora a música não seja uma arte representacional, ela compartilha uma característica

---

32. Platão, *A República*, Livro 4; Aristóteles, *Retórica*.

importante com a vida humana: o movimento organizado. Nós nos movemos com a música que ouvimos, e isso também é uma resposta empática, uma forma de moldar nossa vida interior para se adequar à vida percebida de outra pessoa[33]. Isso é o que Platão e Aristóteles tinham em mente quando apontaram para os efeitos educativos (e deseducativos) da música. O movimento é uma marca de caráter, e alguns tipos de caráter não deveriam ser objetos de empatia, nem mesmo da empatia silenciosa que é transmitida pela música instrumental.

Portanto, muitos dos conceitos que mencionei no capítulo anterior são usados espontaneamente para criticar os movimentos de uma dança: obsceno, sentimental, mórbido, niilista, narcisista, antissocial – todos esses termos de crítica podem ser aplicados às danças, e, por extensão, à música que as acompanha e provoca. Na verdade, esse tipo de crítica é algo em que podemos facilmente nos envolver, por exemplo, quando comparamos a *disco music* ao jazz de Nova Orleans ou ao *ceilidh*[34] escocês, ou o rock eletrônico às danças do Renascimento espanhol. Sabemos que a música para dançar é um emblema e uma evocação de formas e propriedades sociais; sendo assim, como dançamos e o tipo de atitude para com o nosso parceiro importam.

---

33. Para uma explicação filosófica do que isso significa, ver meu *Aesthetics of Music*. Oxford: OUP, 1997.
34. Trata-se de um evento social em que há música e canto folclórico escocês ou irlandês, danças tradicionais e contação de histórias. (N. T.)

DISTRAINDO O OUVIDO

Há, no entanto, uma grande dificuldade em ir além desse ponto. Desde a mais tenra idade os jovens são cercados por uma música pouco exigente, concebida tanto para ser ouvida sem atenção e com atenção. E eles estão vacinados contra as suas mensagens mais licenciosas, as quais passaram a ter qualidades tão rotineiras quanto desinteressantes que neutralizam a atenção vigilante. Para apresentar aos jovens a cultura musical da civilização ocidental – sem dúvida uma das conquistas mais duradouras dessa civilização e na qual foi inculcado o maior tesouro em termos de sentimento –, é necessário proceder por meio de passos cuidadosos. Acima de tudo, eles têm de aprender a ouvir o movimento da própria música, que não pode ser reduzido a uma batida frequente no fundo.

Esse pano de fundo, entretanto, é mais do que um fundo sonoro. É um sinal lançado pela tribo. As canções populares cresceram a partir de uma tradição de baladas e da música folclórica, na qual um repertório crescente de melodias e recursos favoritos formou a base da produção musical. Até recentemente, separava-se a canção do intérprete – uma entidade musical que faz sentido em si mesma e que pode ser internalizada e repetida pelos ouvintes, caso tenham habilidade. É claro que existe todo um ramo da música popular que é improvisado. Mas as canções pop modernas não são improvisadas como é o jazz, e não devem o seu apelo ao tipo de musicalidade espetacular que testemunhamos em Art Tatum (1910-1956), Charlie Parker (1920-1955) ou Thelonious Monk (1917-1982). As canções pop modernas são meticulosamente compostas, muitas vezes por meios artificiais, de modo a ficarem indelevelmente caracterizadas com a marca registrada do grupo. Tudo é feito para torná-las indissociáveis do grupo. O vocalista projeta a *si mesmo*, e não a melodia, enfatizando seu tom, sentimento e gesto particulares. A escassez melódica é parcialmente explicada por isso. Ao subtrair a melodia, ou reduzi-la a frases simples que podem ser reaplicadas em qualquer contexto, o cantor chama a atenção para o único diferencial da música, ou seja, ele mesmo. Os coaxos e gemidos com que ele a pronuncia tornam-se as características centrais da linha melódica. O cantor revela exatamente onde a música deveria estar. A harmonia é entregue a um processo de distorção, envolvendo muita mixagem e edição. É, portanto, impossível reproduzi-la por qualquer meio normalmente disponível. Por vezes, muitos se perguntam se os intérpretes deram mais do que uma contribuição mínima para a gravação, que deve a sua marca à engenharia de som posterior, concebida justamente para torná-la irrepetível. A música fica simultaneamente efemerizada e eternamente paralisada. É um momento irrepetível na vida da grande máquina, que, por meio da máquina, pode repetir-se para sempre.

Logo, na maioria das vezes é impossível cantar para si mesmo as melodias e palavras de uma música pop. O melhor a se fazer é personificar o ídolo durante a noite de karaokê no bar local, quando se tem todo o apoio instrumental completo, amplificação e público, e pode se encaixar brevemente no ritmo vazio onde estava a presença sagrada. Terminada essa experiência intensa e catártica, o fã deve descer do palco e assumir o fardo do silêncio mais uma vez.

Tudo isso significa que a música, para muitos jovens, não pode ser, de fato, separada de suas circunstâncias, e não é algo com vida própria. E isso está relacionado com uma das maiores dificuldades enfrentadas pelo professor hoje, que é a ausência do "rito de passagem" da adolescência para a idade adulta. A transição ritualística do estado virgem para o estado de casado praticamente desapareceu, e com ela a experiência "lírica" do sexo como um anseio por outro e mais elevado estado de pertencimento, para o qual o consentimento arduamente conquistado da sociedade é uma pré-condição necessária. Todos os outros ritos de passagem também desapareceram, uma vez que nenhuma instituição social os exige – ou, se os exigir, será evitada como julgadora, hierárquica ou, de alguma forma, opressora. O resultado é uma comunidade adolescente que sofre de um déficit acumulado na experiência de pertencimento, ao mesmo tempo que categoricamente vira as costas ao mundo adulto – o mundo em que o fardo da reprodução social deve ser, enfim, assumido.

A música pop, que apresenta um adolescente idealizado como o centro de uma cerimônia coletiva, é uma tentativa de levar a música para essa nova condição – a condição de uma multidão estagnada, sempre à beira da idade adulta, mas nunca efetivamente chegando a ela. Mostra a juventude como o objetivo e a realização da vida humana, em vez de uma fase de transição que deve ser abandonada assim que a questão da reprodução social for invocada. Para muitos jovens, portanto, constitui um obstáculo à aquisição de uma cultura musical. É aquilo que os isola do mundo adulto; e todos os outros usos da música – cantar, dançar, tocar um instrumento, ouvir – despertam a sua suspeita.

Por essa mesma razão, porém, parece-me que a educação musical é de importância premente para garantir a sobrevivência da cultura. Ao tocarem juntos, cantarem em grupos ou corais, improvisarem e adquirirem um repertório de melodias, os jovens preparam-se justamente para aquilo que a música pop lhes nega: o rito de passagem da adolescência para a vida adulta. Eles adquirem o conhecimento íntimo de uma convivência social, na qual prevalecem a disciplina e a ordem. E aprendem a discernir entre o verdadeiro movimento da música, que surge da sua vida interior, e o falso movimento da batida, que soa de um lugar para além da melodia e para além do domínio do pensamento musical.

DISTRAINDO OS OLHOS

Essas observações sobre a cultura musical ressoam também nas artes visuais. A cultura, em todas as suas formas, é um convite para ingressar na sociedade em geral, deixar para trás o bando de adolescentes e entrar num mundo em que os antepassados e suas conquistas prevalecem. Ao ensinar os jovens a apreciarem as artes visuais e a criarem as suas próprias obras de arte, você os está introduzindo a uma forma de vida em que o mestre é o guia e a autoridade. Você está revelando diante deles uma outra forma de pertencimento social bastante diferente daquela que eles conhecem de seus pares. Você os está ensinando a ver o mundo com olhos que sabem o que o mundo significou e o que ainda pode significar para o coração humano. E, assim como a música pop bloqueia os ouvidos para esse mundo, a televisão também o bloqueia para os olhos. Tal como acontece com o pop, não é tanto o conteúdo, mas a forma que trai todas as intenções elevadas. Imagens bruxuleantes, que prendem a atenção não porque significam alguma coisa, mas porque atuam nos nervos visuais, estão fadadas a causar um curto-circuito nos canais por meio dos quais a imagem se transforma em julgamento e em emoção de julgamento. A ligação entre imagem e resposta é feita de forma direta e simples e, como resultado, a resposta permanece presa a um mundo em que cores fortes e acontecimentos ofensivos obliteram todas as visões mais calmas.

O olho humano, moldado por essa experiência, fica mal equipado para o encontro com a arte. Visite uma escola de arte moderna e é muito improvável que você encontre aquelas disciplinas por meio das quais os mestres aprenderam a arte da percepção visual: desenho vivo, observação da natureza, natureza morta e paisagens figurativas. Mesmo a arte abstrata, na tradição de Mondrian (1872-1944), Nicholson (1894-1982), Braque (1882-1963) e Klee (1879-1940), é posta de lado em favor de montagens e instalações, muitas vezes inspiradas por alguma vaga reminiscência da piada original de Duchamp, que há muito deixou de ser original. As cores são as cores da TV — fortes, retroiluminadas e sem sombras. E as imagens estão "na sua cara", levianamente transgressoras, à maneira da cama desfeita de Tracey Emin ou das "figuras de merda nua" de Gilbert e George. Como argumentei em outro local, grande parte da motivação desse tipo de arte provém do medo do kitsch[35]. Em 1939, o crítico Clement Greenberg (1909-1994) apresentou ao mundo da arte um famoso dilema: vanguarda ou kitsch? Nenhuma terceira via foi oferecida, e "vanguarda" significava o tipo de expressionismo abstrato que Greenberg colecionava cuidadosamente. Como resultado da influência de Greenberg, o mundo da arte testemunhou uma espécie de transformação da vanguarda em rotina, com clichês expressionistas abstratos substituindo os clichês figurativos dos pintores de domingo.

O antikitsch rotineiro, contudo, não se revelou mais inspirador para a geração da TV do que a pintura figurativa do tipo tradicional. Em vez disso, muitos jovens procuram formas de celebrar o mundo da publicidade e da imagem em movimento e, em vez de evitarem os sentimentos kitsch associados a esse mundo, optaram, como Andy Warhol (1928-1987), Alan Jones e Jeff Koons, por uma proclamação aberta do kitsch como uma forma legítima de vida. Esse "kitsch preventivo", como eu o chamo, deleita-se com o cafona, com o *readymade*[36] e o

---

35. Ver *Modern Culture*. Londres: Continuum, 2000, 2ª ed., cap. 8.
36. Objetos previamente manufaturados (ou industrializados) transformados em artefatos de contemplação, como forma de crítica à arte, por Marcel Duchamp (1887-1968). https://www.ia.unesp.br. (N. T.)

pré-montado, usando formas, cores e imagens que tanto legitimam a ignorância quanto riem dela, silenciando efetivamente a voz adulta. Mais uma vez estamos diante da grande recusa adolescente – a recusa do rito de passagem para o mundo adulto, o rito contido na nossa cultura.

Como, em face a essa insolência organizada, os professores levam os seus alunos ao ponto de partida exigido por uma cultura artística – que é o reconhecimento da obra-prima? O aluno deve aprender a reconhecer o poder da arte visual para transformar algum fragmento do mundo numa posse permanente da consciência humana – não algo *lá fora* e *para todos verem* como uma caixa de Warhol Brillo[37], mas algo *aqui dentro* e próximo do coração, como um rosto velho e maduro de Rembrandt ou de um anjo Duccio (c. 1255/1260-1319). Você aprende isso não apenas olhando, mas também aplicando o olhar ao que está ao seu redor e se esforçando para desenhar e pintar o que vê. No seu grande tratado *Modern Painters*[38], Ruskin (1819-1900) argumentou que o olho deve *aprender* a perceber o mundo, e essa aprendizagem surge por conta da ligação do olho à mão, e ambos à alma[39]. Quando o pequeno Tommy e a pequena Jennifer dão forma, pela primeira vez, às suas imagens de nossa casa, eles estão

---

37. Andy Wahrol apresentou ao público réplicas exatas de produtos vendidos nos supermercados. No caso, referem-se a réplicas feitas em compensado de madeira da caixa do sabão Brillo, uma marca muito comum nos Estados Unidos. (N. T.)
38. Em tradução livre, *Pintores Modernos. (N. T.)*
39. RUSKIN John. *Modern Painters*. Londres, vol. 1, 1843.

transferindo para o papel seus pensamentos íntimos. Eles ainda não estão olhando para o mundo e, portanto, não combinam suas imagens com as coisas que veem. O processo de "fazer e combinar" ainda não começou. Mas, suponhamos que Jennifer tenha demonstrado, por meio de qualquer detalhe, que nota as coisas e procura incluí-las. É aí que o ensino pode começar. Quais coisas incluir e por quê? Ela tem que aprender a distinção entre os detalhes significativos e os sem sentido; entre a aparência, a cor e a luz que mostram a essência de uma coisa, e a impureza que a obscurece. Ela tem que aprender a ver o mundo como ele é, e não como pode aparecer na tela. Na verdade, esse pode ser o primeiro passo na sua educação visual: retirar os adereços e as cores da TV que ocultam o mundo da sua percepção.

CAPÍTULO 6

Guerras culturais

Mesmo que possamos manter as disciplinas educacionais defendidas no capítulo anterior, ainda temos de enfrentar o ataque contínuo à nossa cultura e ao currículo no qual ela foi incorporada, um ataque que vem, em grande parte, de dentro dessa cultura e daqueles encarregados de transmiti-la. Os multiculturalistas dizem que a tentativa de ensinar a cultura ocidental como se fosse o único repositório da sabedoria e das realizações humanas não é apenas ofensiva para as minorias, mas também está condenada ao fracasso, uma vez que o público já não está lá para entender esse objetivo. O feminismo tem o seu próprio rancor contra a nossa tradição cultural, como algo criado em grande parte pelos homens e à custa, ou mesmo em negação, das mulheres. Para a feminista, a cultura ocidental não apenas perpetua formas obsoletas de consciência patriarcal, mas também, nas suas próprias imagens e exemplos, confisca a linguagem na qual a oposição efetiva ao patriarcado pode ser expressa. Por último, há o fenômeno mais geral, que eu chamo de "cultura do repúdio", e que gerou uma enorme literatura de subversão cultural ao longo do período pós-guerra, desde a análise do conhecimento de Foucault (1926-1984) como ideologia do poder ao pragmatismo da negação da verdade de Richard Rorty (1931-2007), e do desmascaramento estruturalista dos clássicos por Barthes (1915-1980) ao "vírus desconstrutivo" lançado na atmosfera acadêmica por Jacques Derrida (1930-2004). Essa cultura do repúdio pode apresentar-se como "teoria", à maneira da "teoria crítica" de Horkheimer (1895-1973), Adorno (1903-1969) e Habermas, desenvolvendo enfadonhas "metodologias" com as quais almejam erradicar o significado secreto das obras culturais a fim de expor as suas pretensões ideológicas e enviá-las empacotadas para o passado. O seu objetivo, contudo, não é o conhecimento, mas a destruição do recipiente em que o conhecimento indesejado foi contido.

A CRÍTICA DA CULTURA DE MASSA

Curiosamente, Adorno e os seus associados na Escola de Frankfurt voltavam seu fogo não contra a alta cultura da civilização ocidental – da qual se consideravam os guardiões –, mas contra a "cultura de massa" que guerreava com ela, e que eles insistiam em ver como um produto do capitalismo[40]. Para Adorno, um músico treinado e defensor de Schoenberg (1874-1951), nada era mais abominável na cultura de massa dos Estados Unidos do que a sua música.

---

40. Ver, por exemplo, ADORNO, Theodor; HORKHEIMER Max. *Dialética do Esclarecimento*. J. Cunningham (trad.). Nova York: Continuum, 1973.

Para ele, os novos sons, repletos de clichês e kitsch, não eram arte, eram ideologia – a doce pílula da falsa consciência que entorpece os sentidos da classe trabalhadora. A música norte-americana, argumentou Adorno, seja ela de Gershwin (1898-1937) ou de Berlin (1888-1989), de Jerome Kern (1885-1945) ou de Cole Porter (1891-1964), é um instrumento de exploração capitalista. Não é o consumidor ou o produtor que é soberano nessa cultura musical degradada, mas os "donos dos meios de comunicação", nomeadamente a classe capitalista. Sob o socialismo, sugeriu Adorno, todo esse fetichismo seria destruído e o proletariado emancipado estaria assobiando nas ruas a música livre de ideologia de Webern (1883-1945) e Schoenberg[41].

Existe hoje uma inegável tendência kitsch extremamente constrangedora na música popular norte-americana que Adorno condenou. Pois foi a música que escapou do campo do bom gosto para as planícies abertas do sentimento comum. Isso não significa que ela seja moralmente corrupta, como pensava Adorno, ou que esteja empenhada na tarefa de falsificar as realidades sociais. Significa o oposto. Essa é uma música que incorpora as dores e alegrias da vida moderna. Se soa tão diferente de toda a música que existiu antes, então é porque a vida moderna – a vida dos Estados Unidos – também é diferente da vida que existiu antes. A música significou mais na evolução da cultura norte-americana do que qualquer outra forma de arte, e

---

41. Ver ADORNO, Theodor. "Über der Fetischcharakter in der Musik," in *Dissonanzen: Musik in der verwalteten Welt*. Gottingen, 1956.

de Gottschalk (1829-1869) a Sondheim (1930-2021) e de Copland a Bernstein (1918-1990), os compositores têm sido capazes de preencher a lacuna entre a cultura de elite e as canções e danças do povo de uma forma única, sem paralelo na Europa. Adorno odiava a música dos Estados Unidos, porque odiava a forma como a cultura norte-americana não permite que o intelectual e o não intelectual se distanciem. Aqui estava uma cultura que se renovava sem o conselho da elite marxista. Necessariamente, portanto, estava condenada.

DOIS VIVAS PARA OS ESTADOS UNIDOS

Realmente, a música norte-americana evita as emoções mais elevadas, e Adorno tem razão em nos lembrar disso. Onde uma canção folclórica tradicional como "Waley, Waley" nos conta sobre a miséria inconsolável de uma mulher traída, o cancioneiro americano fornece-nos os remédios suaves da vida moderna, como quando Judy Garland (1922-1969) canta "The Man That Got Away"[42]. Essa música se despede de um homem, preparando o coração para o próximo, utilizando o refrão da Big Band[43] para animar a vítima. Os pequenos recursos pelos quais as pessoas comuns lidam com as decepções comuns são homenageados nessa música, que quase nunca ou nunca

---

42. Em tradução livre, "O Homem que Foi Embora". (N. T.)
43. Uma grande banda musical, especialmente popular nas décadas de 1940 e 1950, que toca jazz ou dance music e tem um líder que toca solos. https://www.ldoceonline.com/dictionary/big-band. (N. T.)

adota um tom de voz trágico. Sua atitude em relação à ruptura é tipificada pelo nostálgico "I Get Along Without You Very Well"[44] de Hoagy Carmichael (1899-1981); usa imagens caseiras para normalizar a emoção de se apaixonar – "If I Were a Bell"[45], cantada por Blossom Dearie (1924-2009), ou "I'm Putting All My Eggs in One Basket"[46], de Irving Berlin (1888-1989). Recusa-se a assumir uma atitude trágica em relação ao desejo não correspondido ("Glad to Be Unhappy"[47] de Rodgers [1902-1979] e Hart [1895-1943]) e reduz todas as experiências, sejam de alegria ou de tristeza, de embaraço ou de humor, a um tamanho administrável, deixando claro que ou elas estão ao alcance de todos nós ou de ninguém.

Se essa música invoca as formas mais elevadas de paixão, ela também as projeta para o segundo plano. A suavidade insinuante com que Peggy Lee (1920-2002) canta a respeito "(D)os Dias de Vinho e Rosas" e "(D)a Porta Marcada Nunca Mais" é como o jantar à luz de velas e os guardanapos dobrados – uma forma de invocar o inalcançável e imbuí-lo de um brilho de conto de fadas. Isso não é para você, diz a música, mas apenas porque não é para qualquer um. Enquanto isso, vamos fingir. De Frank Sinatra (1915-1998) a Barbra Streisand, os Estados Unidos produziram um fluxo contínuo de

---

44. Em tradução livre, "Eu Me Dou Muito Bem Sem Você". (N. T.)
45. Em tradução livre, "Se Eu Fosse um Sino". (N. T.)
46. Em tradução livre, "Estou Colocando Todos os Meus Ovos na Mesma Cesta". (N. T.)
47. Em tradução livre, "Feliz Por Ser Infeliz". (N. T.)

cantores que sabem exatamente como representar, no seu tom de voz, o coração norte-americano comum no seu batimento cardíaco normal, ao mesmo tempo que acrescentam exaltação suficiente para fazer o coração quase parar. Vista desta forma, a música norte-americana preparou a humanidade para o mundo moderno de apegos transitórios e sofrimentos temporários, de forma muito mais eficaz do que qualquer outra inovação cultural. É um dos produtos do sentimento popular que conquistou o seu lugar na cultura da civilização ocidental, ajudando os ocidentais a compreenderem as emoções que lhes são induzidas pelo modo de vida democrático.

O ATAQUE À ALTA CULTURA

Desde que os homens de Frankfurt chegaram como exilados aos Estados Unidos, para lá desprezarem seus anfitriões, a cultura do repúdio assumiu outra forma, mais local. Em vez de se concentrar na "cultura de massa" do povo, ela visa agora a cultura de elite das universidades. É indiferente, ou mesmo vagamente elogiosa, em relação à arte e à música populares, vendo-as como expressões legítimas de frustração e um desafio às antigas formas de conhecimento intelectual. O seu alvo é a cultura no sentido que tenho defendido: todos aqueles artefatos que resistiram ao teste do tempo e que são apreciados por aqueles que os amam pelo conhecimento emocional e moral que eles contêm.

Todos os professores de humanidades tiveram de enfrentar essa cultura de repúdio, e aqueles que não cederam a ela se perguntaram como resistir. Não será talvez, como insistem os defensores do repúdio cultural, que, ao defender a cultura ocidental, estejamos simplesmente defendendo uma cultura contra o seu sucessor, uma ordem social contra aquela que está destinada a substituí-la, um conjunto de valores extintos contra outro mais adequado ao mundo pós-moderno? Afinal, onde está o método que geraria verdades objetivas e universais a partir do estudo da cultura? A cultura não é um fenômeno circunscrito, histórico e mortal, que inevitavelmente entrará num período de morbidade à medida que a psique humana se adapta a novas condições sociais e a novas esferas de escolha?

Essa visão da cultura não deveria nos cegar para o fato de que a energia por trás da nova abordagem às humanidades é, em grande parte, negativa. Essa energia é dirigida muito mais contra o currículo tradicional do que contra alguma alternativa real. Na verdade, as alternativas nunca são descritas seriamente. A ideia de outra ordem, de outra cultura, de outro modo de ser é um puro númeno[48], defendido apenas para reforçar o julgamento negativo da cultura ocidental. Se uma cultura fosse apenas um conjunto de crenças a aceitar, de textos a estudar, de obras de arte a absorver, então seria difícil explicar a animosidade do novo currículo em relação ao antigo. Contudo, uma vez que vemos a cultura pelo

---

48. Na concepção do filósofo alemão Immanuel Kant, a realidade existente na sua forma pura, independentemente da incompletude inerente à maneira pela qual todo e qualquer conhecimento é adquirido pelo ser humano; o númeno, portanto, mesmo podendo ser pensado, é necessariamente inalcançável pela cognição humana; COISA-EM-SI; NÔMENO; NOÚMENO [No kantismo, opõe-se a fenômeno.] https://aulete.com.br/númeno. (N. T.)

que ela é, passamos a entender essa animosidade. Uma cultura perpetua a memória de uma forma de pertencimento social e a exalta como algo natural, imutável e sereno. Quando a fé religiosa decai, torna-se difícil para os intelectuais acreditarem que realmente pertencem à mesma comunidade que as pessoas comuns. As suas reivindicações ao sacerdócio foram destruídas, e o seu isolamento nas academias coloca-os a uma distância intransponível daqueles cuja ideia de aventura é sair e aparar a grama. Confrontado, em todos os lugares, por costumes, artefatos e rituais que foram despojados de sua antiga autoridade, o aspirante a sacerdote é levado a atos de sacrilégio e iconoclastia. A emergência de uma cultura de repúdio pode, portanto, ser um resultado normal do colapso de uma antiga religião. A novidade, porém, é que o repúdio não é dirigido contra as pessoas comuns, como aconteceu com Adorno, mas contra a própria elite à qual pertence o incrédulo sacerdote.

CULTURA OCIDENTAL E O ILUMINISMO

Diante disso, devemos lembrar que a cultura ocidental é aberta, pela sua própria natureza, ao questionamento racional. O Iluminismo tornou explícito o que há muito estava implícito na vida intelectual da Europa: a crença de que a investigação racional leva à verdade objetiva. Mesmo aqueles pensadores iluministas, como Hume, que desconfiavam da razão, e aqueles, como Kant, que tentaram circunscrever os poderes dela, continuaram a basear a sua argumentação na argumentação racional.

Hume opôs-se à ideia de uma moralidade racional, mas justificou a distinção entre o certo e o errado em termos de uma ciência natural das emoções, supondo que poderíamos descobrir a verdade a respeito da natureza humana e construir sobre essa base sólida. Kant rejeitou a "razão pura" como um tecido de ilusões, mas elevou a razão prática no seu lugar, defendendo a validade absoluta da lei moral. Durante os duzentos anos seguintes, a razão manteve a sua posição de árbitro da dúvida e de fundamento do conhecimento objetivo.

O apelo à razão, diz-nos o novo currículo, é apenas um apelo à cultura ocidental, que fez da razão o seu xibolete[49] e, desse modo, reivindicou uma objetividade que não caberia a nenhuma cultura. Além disso, ao reivindicar a razão como sua fonte, a cultura ocidental ocultou o seu etnocentrismo; revestiu as formas ocidentais de pensar como se tivessem força universal. A razão, portanto, é uma mentira e, ao expor a mentira, revelamos a opressão que está no cerne da cultura ocidental. Dessa forma, a cultura do repúdio envolve uma "retomada" do Iluminismo: daquilo mesmo que permitiu à cultura ocidental admitir e endossar a possibilidade de visões de mundo diferentes da sua, exatamente aquilo que se transcreveu em lei com a Revolução Americana e direcionou a civilização ocidental no caminho otimista que posteriormente seguiu.

---

49. Neste caso, o sentido no qual o termo é empregado pretende indicar uma palavra ou ditado usado por adeptos de um partido, seita ou crença e é geralmente considerado por outros como vazio de significado real. https://www.merriam-webster.com/dictionary/shibboleth. (N. T.)

FOUCAULT E O DISCURSO

Uma ferramenta poderosa nesse novo culto às trevas tem sido a concepção de "discurso" de Foucault[50]. A verdade, segundo Foucault, não é algo absoluto que possa ser compreendido e avaliado de alguma forma trans-histórica, como que através do olho de Deus. A verdade é filha do "discurso", e, à medida que o discurso muda, também muda a verdade nele contida. Veja qualquer revista acadêmica na área de ciências humanas e você encontrará essa ideia no centro de milhares de debates factícios: "Falocentrismo ocidental e o discurso de gênero"; "Discurso da supremacia branca nos romances de Conrad[51]"; "O discurso da exclusão: uma perspectiva *queer*[52]"; e assim por diante. Ao descrever os argumentos como "discurso", você se posiciona atrás deles, até o estado de espírito do qual eles surgem. Você não confronta mais a verdade ou a razoabilidade da opinião da outra pessoa, mas se envolve diretamente com a força social que fala por meio dessa opinião. A pergunta deixa de ser "o que você está dizendo?" e torna-se, em vez disso, "de onde você está falando?". Esse foi o triunfo de Foucault, ao fornecer uma palavra que nos permitiria reanexar cada

---

50. Veja especialmente sua *Histoire de la Sexualité*, em três volumes. Paris: Gallimard, 1976–1984.
51. Trata-se do autor Joseph Conrad (1857-1924). (N. T.)
52. Termo que denota ou se relaciona com uma identidade sexual ou de gênero que não corresponde às ideias estabelecidas de sexualidade e gênero, especialmente às normas heterossexuais. https://www.merriam-webster.com/dictionary/queer. (N. T.)

pensamento ao seu contexto e tornar o contexto mais importante do que o pensamento.

O discurso, para Foucault, é produto de uma época e existe em virtude do "poder" social prevalecente. É o que Marx chamou de "ideologia": uma coleção de ideias que não têm autoridade em si mesmas, mas que disfarçam e mistificam a realidade social. Não há mais verdade do que o poder que a considera conveniente e, ao desmascarar o poder, extinguimos a verdade. Em qualquer época há aqueles que recusem o discurso predominante. Esses são denunciados, marginalizados – até mesmo encarcerados como loucos[53]. A voz deles é a voz da "irracionalidade" e, para os que detêm a autoridade, o que eles dizem não é verdade, mas sim delírio. Foucault implica, no entanto, que não há nada de objetivo nessa denúncia da loucura: ela não é nada mais do que um dispositivo por meio do qual o poder estabelecido (o poder da ordem burguesa) se sustenta em ser, salvaguardando a sua própria "verdade" contra o discurso rival que o rejeita.

O argumento pode ser generalizado a fim de sugerir que as visões tradicionais de homem, de família, das relações sexuais e da moralidade sexual não têm autoridade além do poder que as sustenta. Na sua *História da Sexualidade*, em três volumes, Foucault, no entanto, vai um passo além, vendo a "problematização" do prazer sexual como uma forma curiosa de autolimitação, sem justificativa fora de um contexto social irrecuperável.

---

53. Ver *Folie et Déraison: Histoire de la folie à l'âge classique*. Paris, 1961.

Ele descreve o seu estudo, tomando emprestado de Nietzsche, como uma "genealogia" da moralidade – uma explicação de crenças que, por não terem validade ou verdade intrínseca, devem ser explicadas em termos do seu contexto social, e assim justificadas.

Apesar, no entanto, de tudo o que Foucault diz em oposição, pode ser objetivamente verdade que a sociedade humana e a realização pessoal são mais facilmente garantidas pelo casamento heterossexual do que pela transgressão sexual, e que o capital cultural e político de uma época é mais facilmente transmitido onde as pessoas dedicam-se a criar os filhos em casa. Em vez de ser o efeito da ordem social, a velha moralidade poderia ser a sua causa. Quanto à qual é – causa ou efeito –, nada no método diagnóstico de Foucault poderia nos dizer. A suposição, do começo ao fim, é que, ao atribuir uma crença ao poder daqueles que a defendem, você enfraquece a sua reivindicação de objetividade. Mas essa suposição pode ser o oposto da verdade.

Acredito, portanto, que deveríamos dar uma resposta vigorosa a pensadores como Foucault e a todos aqueles que desejam subverter a cultura ocidental, mostrando a sua função supostamente "ideológica"[54]. Deveríamos insistir na nossa cultura como um repositório de conhecimento e rejeitar o ataque foucaultiano a ela como sendo em si mesma uma forma de ideologia – uma forma de pensar

---

54. Entre os quais devemos contar Roland Barthes (*Mythologies*, 1957), Pierre Bourdieu (*Distinction, A Social Critique of the Judgment of Taste*. R. Nice (trad.). Londres, 1984) e Terry Eagleton (*The Ideology of the Aesthetic*. Oxford, 1990).

que não tem a verdade, mas o poder como seu objetivo. E acredito que deveríamos ser igualmente resistentes em resposta aos multiculturalistas, insistindo que, se existe algum significado para o termo, a cultura ocidental já é tão multicultural quanto uma cultura pode ser. E nós deveríamos apoiar essa visão, ensinando a nossa cultura tal como era ensinada, com a devida ênfase nos clássicos e na história antiga, na Bíblia hebraica, na poesia medieval e no legado da filosofia islâmica. Em outras palavras, deveríamos ensinar cultura tal como tem sido ensinada desde o Iluminismo, a fim de abrir as mentes e os sentimentos dos alunos à unidade subjacente da condição humana.

SAID E O ORIENTALISMO

Há quase trinta anos, Edward Said (1935-2003) publicou o seu livro seminal *Orientalismo*, no qual castigava os estudiosos ocidentais que estudaram e comentaram a respeito da sociedade, da arte e da literatura do Oriente Médio. Ele cunhou o termo "orientalismo" para denotar a atitude depreciativa e paternalista que identificou em todas as tentativas ocidentais de retratar as civilizações orientais. Sob os olhos ocidentais, o Oriente apareceu, segundo Said, como um mundo de indolência débil e de inebriamento obscuro, sem a energia ou diligência consagradas nos valores ocidentais, e, portanto, isolado das fontes de sucesso material e intelectual. Foi retratado como o "Outro", o opaco vidro refletor no qual o intruso colonial ocidental não consegue ver nada exceto o seu próprio rosto brilhante.

Said ilustrou a sua tese com citações altamente seletivas, referentes a uma gama muito estreita de encontros Leste-Oeste. E, embora derramasse tanto desprezo e veneno quanto podia nas representações ocidentais do Oriente, ele não se preocupou em examinar quaisquer representações orientais do Ocidente ou em fazer qualquer julgamento comparativo quando se tratava de avaliar quem tinha sido injusto com quem. Se o tivesse feito, teria sido forçado a descrever uma literatura em árabe que é totalmente ocidentalizada, à maneira de Naguib Mahfouz (1911-2006), do Cairo (que, em 1994, escapou por pouco da morte nas mãos de um islamista que empunhava uma faca, e passou a ser, posteriormente, cada vez mais, censurado), ou que, tendo virado as costas à cultura ocidental, retira-se para "a sombra do Alcorão", como recomendou o líder da Irmandade Muçulmana, Sayyid Qutb (1906-1966). É fresco e tranquilo o lugar para onde Qutb convida seus leitores. Mas é também escuro. E, embora Qutb não tenha sido censurado pelas autoridades egípcias, é relevante salientar que ele foi enforcado.

Os alvos de Said não eram apenas estudiosos vivos como Bernard Lewis (1916-2018), que conheciam o mundo muçulmano e a sua cultura muito melhor do que ele. Ele estava atacando uma tradição acadêmica que pode ser considerada uma das verdadeiras conquistas morais da civilização ocidental. Os estudiosos orientalistas do Iluminismo criaram ou inspiraram obras que entraram no patrimônio ocidental, desde a tradução seminal de

Galland (1646-1715) de *As Mil e Uma Noites*, de 1717, até o *Rubaiyat*, de Omar Khayyam, de FitzGerald (1809-1883). É claro que essa tradição também foi uma apropriação – uma reconstrução do material islâmico a partir de uma perspectiva ocidental. Mas por que não reconhecer isso como uma homenagem, e não como uma afronta? Você não pode se apropriar do trabalho dos outros se os considerar fundamentalmente "outro".

Na verdade, as culturas orientais têm uma dívida para com os seus estudantes ocidentais. No momento do século XVIII, quando 'Abd al-Wahhab (1703-1792) estava fundando a sua forma particularmente desagradável de Islã, na Península Arábica, queimando livros e decapitando "hereges" como forma de demonstrar a justeza dos seus pontos de vista, *Sir* William Jones (1746-1794) estava recolhendo e traduzindo tudo o que podia encontrar de poesia persa e árabe e preparando-se para navegar para Calcutá, onde serviria como juiz e seria pioneiro no estudo das línguas e da cultura indianas. O wahhabismo[55] chegou à Índia ao mesmo tempo que *Sir* William e começou imediatamente a radicalizar os muçulmanos, iniciando o suicídio cultural que o bom juiz estava fazendo o seu melhor para evitar. No contraste entre al-Wahhab e *Sir* William Jones, testemunhamos tanto a força criativa do

---

55. O wahhabismo é um movimento do islamismo sunita, criado no século XVIII e geralmente descrito como ortodoxo, ultraconservador, extremista, austero, fundamentalista e puritano. Propõe-se a restaurar aquilo que, na sua visão, seria o culto monoteísta puro. https://pt.wikipedia.org/wiki/Wahhabismo. (N. T.)

universalismo ocidental como a intolerância estreita que Said defendeu em seu lugar[56].

O RELATIVISMO ABSOLUTISTA

Said tipifica a cultura do repúdio que se enraizou nas nossas universidades. Ao mesmo tempo que nos exorta a julgar outras culturas nos seus próprios termos, pede-nos também que julguemos a cultura ocidental de um ponto de vista externo – não para a compararmos com alternativas reais, mas simplesmente para a julgarmos desfavoravelmente, como etnocêntrica e até racista. A mesma combinação paradoxal – relativismo em relação à cultura ocidental, absolutismo em apoio à alternativa não descrita – pode ser testemunhada no feminismo acadêmico. O objetivo não é ampliar a escolha, mas proibi-la, apresentando uma ortodoxia cuja dissidência não será tolerada.

Além disso, as críticas feitas à cultura ocidental são, na verdade, confirmações da sua pretensão de favorecimento. É a visão universalista do homem que nos faz exigir muito mais da arte e da literatura ocidentais do que alguma vez deveríamos exigir da arte e da literatura de Java, Bornéu ou China. É a própria tentativa de abraçar outras culturas que torna a arte ocidental refém das restrições de Said – uma tentativa que não tem paralelo na arte tradicional da Arábia, da Índia ou da África. E somente

---

56. Ver o relato detalhado em IRWIN, Robert. *For Lust of Knowing: The Orientalists and Their Enemies*. Londres: Allen Lane, 2006.

uma visão muito estreita da nossa tradição artística é que não descobre nela uma abordagem multicultural que é muito mais imaginativa do que qualquer coisa que é hoje ensinada sob esse nome. A nossa cultura invoca uma comunidade histórica de sentimento, ao mesmo tempo que celebra os valores humanos universais. Ela está enraizada na experiência cristã, mas extrai dessa fonte uma riqueza de sentimentos humanos que se espalha imparcialmente pelos mundos imaginados. Quando alguma cultura oriental prestou à cultura ocidental o tipo de tributo que Britten (1913-1976) prestou, em *Curlew River*, à cultura do Japão; ou Rudyard Kipling (1865-1936), em *Kim*, à cultura da Índia?

O Iluminismo, que nos colocou diante de um ideal de verdade objetiva, também dissipou a névoa da doutrina religiosa. A consciência moral, desligada da observância religiosa, começou a ver-se de fora. Ao mesmo tempo, a crença numa natureza humana universal, tão vigorosamente defendida por Shaftesbury (1671-1713), Hutcheson (1694-1746) e Hume, manteve o ceticismo sob controle. A sugestão de que, ao traçar o curso da empatia humana, Shaftesbury e Hume estavam apenas descrevendo um aspecto da cultura "ocidental", teria sido considerada absurda pelos seus contemporâneos. As "ciências morais", incluindo o estudo da arte e da literatura, foram vistas como parte da "busca comum do verdadeiro julgamento" que tenho defendido neste livro. Essa busca comum ocupou os grandes pensadores da Era Vitoriana, os quais, mesmo quando fizeram as primeiras aventuras na sociologia e na antropologia, acreditaram na validade objetiva dos seus resultados e numa natureza humana universal que neles seria revelada.

Tudo isso mudou completamente. No lugar da objetividade, temos apenas "intersubjetividade" – em outras palavras, consenso. Verdades, significados, fatos e valores são agora considerados negociáveis. O curioso, porém, é que esse subjetivismo confuso vem acompanhado de uma censura vigorosa. Aqueles que colocam o consenso no lugar da verdade rapidamente distinguem o consenso verdadeiro do falso. Assim, o consenso assumido por Rorty, na sua defesa atualizada do pragmatismo, exclui rigorosamente todos os conservadores, tradicionalistas e reacionários[57]. Só os progressistas podem pertencer a ele, tal como só as feministas, os radicais, os ativistas gays e os antiautoritários podem tirar partido da desconstrução, tal como só os oponentes ao "poder" podem fazer uso das técnicas de sabotagem moral de Foucault e tal como só os "multiculturalistas" podem se valer da crítica de Said aos valores do Iluminismo. A conclusão inevitável é que a subjetividade, a relatividade e o irracionalismo são defendidos não para permitir a entrada de todas as opiniões, mas precisamente para excluir as opiniões de pessoas que acreditam em velhas autoridades e em verdades objetivas.

---

57. Ver, por exemplo, RORTY, Richard. *Contingency, Irony, Solidarity*. Cambridge: CUP, 1989.

A NOVA CENSURA

Vale a pena ter em conta essas considerações quando examinamos o estado atual da vida intelectual na Europa e nos Estados Unidos. Embora existam áreas como a filosofia, que, por muitos anos, foram imunes ao subjetivismo predominante, também estão começando a sucumbir a ele. Os professores que permanecem apegados ao que Rorty chama de "um tipo de racionalidade natural e transcultural" – em outras palavras, aqueles que acreditam que podem dizer algo permanente e universalmente verdadeiro sobre a condição humana – acham cada vez mais difícil apelar aos alunos para os quais a negociação tomou o lugar do argumento racional. Salientar, por exemplo, que as virtudes cardeais defendidas por Aristóteles são tão parte da felicidade das pessoas modernas como o eram para os gregos antigos é convidar à incompreensão. O melhor que os estudantes modernos conseguem gerir é a curiosidade: eles reconhecerão que era assim que eles viam a questão. Mas nós não somos eles.

A partir desse estado de ceticismo confuso, o estudante pode dar um salto de fé. E quase nunca o salto retrocede para o antigo currículo, o velho cânone, a velha crença em padrões objetivos e modos de vida estabelecidos. É um salto para frente, para o mundo da livre escolha e da livre opinião, no qual nada tem autoridade e nada é objetivamente certo ou errado. Neste mundo pós-moderno, não existe julgamento adverso – a menos que seja o julgamento do juiz adverso.

É um mundo de parquinho infantil, em que todos têm igualmente direito à sua cultura, ao seu estilo de vida e às suas opiniões.

E é por isso que, paradoxalmente, o currículo pós-moderno é tão censurável. Quando tudo é permitido, é vital proibir o que proíbe. Todas as culturas sérias baseiam-se nas distinções entre certo e errado, verdadeiro e falso, bom e mau gosto, conhecimento e ignorância. Foi à perpetuação dessas distinções que as humanidades, no passado, se dedicaram. Mas elas as perpetuaram destacando obras de arte, história e filosofia que eram intrinsecamente interessantes, e esperava-se que o aluno trabalhasse no sentido do julgamento, a partir de uma posição de investigação desinteressada. Na cultura do repúdio, os julgamentos não são assuntos de debate desinteressado, mas sim ortodoxias invioláveis. Essas ortodoxias, às vezes, estão embutidas na própria estrutura do assunto a ser estudado. Os estudantes de "estudos de gênero", por exemplo, não são livres para chegarem a qualquer conclusão que não seja endossada pela ortodoxia feminista, e o seu currículo é organizado por uma agenda política, em vez de uma disciplina intelectual. Sem crítica e investigação desapaixonada, nenhuma distinção real pode ser *descoberta*: todas são impostas de fora. E a censura é, à sua maneira, um reconhecimento da arbitrariedade do sujeito – um sujeito que não tem nenhuma disciplina mental interna, nenhum fundo de conhecimento e nada para comunicar, além das conclusões precipitadas que ele foi criado para propagar.

Tudo isso nos leva de volta à natureza profundamente paradoxal da cultura do repúdio. Embora sustente que todas as culturas são iguais e que o julgamento entre elas é absurdo, a nova cultura veladamente apela à crença oposta. O objetivo é convencer-nos de que a cultura ocidental e o currículo tradicional são racistas, etnocêntricos, patriarcais e que, portanto, não são politicamente aceitáveis. Por mais falsas que sejam essas acusações, elas pressupõem a própria visão universalista que declaram ser impossível. Essa visão universalista é o legado da cultura ocidental para nós, e a razão pela qual devemos conservar essa cultura e transmitir os seus grandes ensinamentos aos jovens. A cultura ocidental é o nosso recurso moral mais elevado num mundo que chegou à modernidade. Ela contém o conhecimento do que sentir, num mundo em que o sentimento corre o risco constante de se perder.

CAPÍTULO 7

Raios de esperança

Os dois últimos capítulos registraram a dificuldade de ensinar cultura aos jovens numa época de degradação cultural e a dificuldade de manter o estatuto da cultura nas nossas universidades quando os seus adversários têm pleno domínio do campo. E é provável que o meu argumento suscite a ideia de que a alta cultura e o cultivo do valor estético sejam talvez momentos passageiros na história da humanidade. Talvez pertençam a outra fase mais inocente do desenvolvimento humano. Talvez estejamos agora emergindo dessa fase para uma ordem social em que a cultura já não é considerada um bem humano, nem sequer é entendida como uma forma distinta de consciência. Spengler expôs a questão numa frase impressionante que merece reflexão:

> Um dia, o último retrato de Rembrandt e o último compasso de Mozart terão deixado de existir – embora possivelmente uma tela colorida e uma folha de anotações possam permanecer

–, porque o último olho e o último ouvido com acesso à sua mensagem terão desaparecido[58].

É claro, temos museus, universidades e arquivos dedicados à manutenção das relíquias da nossa cultura. Mas isso não garante que essa cultura sobreviverá; pois, se sobrevive, se é que sobrevive, sobrevive *em nós*, nos observadores e usuários dessas coisas. E, se as relíquias não têm efeito sobre nós, o que resta do seu significado? Não deveríamos compará-las às oferendas votivas de alguma religião morta, cujos últimos devotos desapareceram e cujos artefatos acumulam poeira em porões não visitados?

Essas não são questões fúteis nem acadêmicas. Os maiores artistas do século XX voltaram a elas repetidas vezes, não fornecendo respostas, mas refinando as questões até que as tornassem parte do clima intelectual. Mann (1875-1955), Schoenberg, Eliot, Auden (1907-1973), Gide (1869-1951), Camus (1913-1960) – estes e muitos outros familiarizaram-nos de tal forma com a experiência da decadência cultural que criaram a suspeita predominante de que a arte moderna é menos um fato do que uma questão. Pode realmente haver mais arte numa época em que as tradições do gosto evaporaram, quando os olhos e os ouvidos estão saturados de estímulos, quando a vida humana é colocada em um movimento tão rápido que os momentos de contemplação são praticamente inexistentes? Não estamos vivendo no rescaldo da alta cultura e, seja

---

58. *The Decline of the West, op. cit.*, vol. 1, p. 168.

como for, não perdemos a fé na cultura, acreditando que ela não ofereceu nenhum obstáculo ao crime?

Em resposta, quero apontar alguns raios de esperança: acontecimentos, movimentos, pessoas que se envolvem com a cultura ocidental num espírito de afirmação. O que eu digo será inevitavelmente anedótico, e os leitores estão convidados a procurarem os seus próprios exemplos de esperança e de boas obras, caso desejem, como eu desejo, investir as suas energias na perpetuação da nossa herança.

O LEGADO JUDAICO-CRISTÃO

Subjacente a todas as obras de arte e pensamento ocidentais está o legado do monoteísmo judaico-cristão e do espírito de investigação que tornou inevitável a questão do seu significado. Seria um erro supor que a filosofia acadêmica ainda pertence àquela tradição de pensamento baseado e inspirado pela fé. Mas, dentro das igrejas, e dentro da Igreja Católica Romana em particular, a tradição passou por um período significativo de renascimento, com João Paulo II transmitindo ideias filosóficas numa linguagem clara e sincera a um público vasto. E o desafio foi assumido, tanto aqui como ali, nas universidades e na sociedade em geral. Movimentos juvenis, como o fundado na Itália por Dom Giussani (1922-2005), *Comunione e Liberazione*; e correntes filosóficas, como as que foram colocadas em movimento por René Girard (1923-2015), na França; por Jan Patočka (1907-1977), na Europa Central; por Czeslaw Milosz (1911-2004), na Polônia; e por Alexander Solzhenitsyn (1918-2018), na

Rússia, deram um ânimo renovado à ideia da cultura ocidental e inspiraram muitas pessoas da geração mais jovem a procurarem formas de defendê-la. Durante os dias sombrios do comunismo na Europa do pós-guerra, foi tanto a cultura quanto a religião que mantiveram vivas as esperanças e a decência dos jovens e que preservaram para eles, no meio da corrupção, o "conhecimento do que sentir", que os comunistas ardentemente desejavam extinguir. O trabalho de pessoas como Kundera (1929-2023), Havel (1936-2011) e Klíma nas terras checas comprova a força dessa herança filosófica, a qual, para eles, não dependia da religião, mas puramente do ideal da civilização ocidental e daquele "cuidado da alma" que Platão identificou como tarefa da *polis*.

O interessante desse renascimento do pensamento teológico e filosófico é que ele ocorreu, em sua maior parte, fora da universidade. Nos países comunistas, as universidades eram meros instrumentos de doutrinação do Partido, nos quais toda a investigação intelectual tinha sido extinta, de modo que a transmissão da cultura dependia daquelas universidades "underground" em apartamentos privados, cuja história foi contada por Barbara Day e outros[59]. Mas tem sido igualmente verdade, nos países livres da Europa e da América do Norte, que o *pensamento engajado* saiu das universidades para instituições privadas de pesquisa, círculos literários e pequenas revistas – revistas como a *PN Review*, que tem, há um quarto de século, mantido vivo o

---

59. Ver DAY, Barbara. *The Velvet Philosophers*. Londres: Claridge Press, 1999.

espírito da poesia na Grã-Bretanha; como a *New Criterion*, que, durante igual período de tempo, fez o mesmo pela crítica nos Estados Unidos; e como a *The New Republic*, que testemunhou a crença sincera na cultura, como um fórum de debate no qual o intelectual de esquerda está tão empenhado como o seu adversário conservador. As tradições artísticas e intelectuais da nossa cultura estão vivas nos romances de Ian McEwan e Michel Houellebecq, por exemplo; na filosofia de Alain Finkielkraut e Luc Ferry, nas peças de Tom Stoppard e Alan Bennett, na poesia de Charles Tomlinson (1927-2015), Rosanna Warren e Ruth Padel, no trabalho de historiadores independentes como Paul Johnson (1928-2023) e Gertrude Himmelfarb (1922-2019) e de críticos independentes como Norman Podhoretz e James Wood.

MÚSICA E A VANGUARDA

Esses últimos nomes são apenas alguns entre os muitos que poderiam ser mencionados como prova da tradição viva do pensamento literário e da arte no mundo ocidental. Mesmo no domínio da música, em que os valores estéticos estão em conflito permanente com o ruído de fundo da vida moderna, o apetite do público por obras sérias permanece inabalável, e os compositores modernos estão redescobrindo a linguagem tonal com a qual podem estabelecer contato com o seu público. E vale a pena voltar ao destino atual da música, já que a música ocidental não é apenas a maior conquista da nossa cultura, mas também a medida da sua saúde em qualquer época.

Embora a nossa cultura musical tenha passado por um período de crise aguda, não me parece que essa crise tenha sido causada pela morte da tonalidade ou pelo surgimento das experiências atonais que tentaram substituí-la. Foi causada precisamente pela suspeita da tonalidade – uma suspeita que deveria ser vista como parte da alienação quase universal dos intelectuais ocidentais relativamente à nossa herança cultural. A suspeita da tonalidade, tal como a suspeita de Marx relativamente à propriedade privada, ou a suspeita de Sartre (1905-1980) relativamente à família burguesa, ou a suspeita abstracionista da pintura figurativa, deve ser vista como um ato de rebelião contra a única forma que temos de dar sentido às coisas. A causa raiz da nossa crise musical é a mesma causa raiz de tantas outras crises durante o nosso tempo: a saber, a ascensão da classe intelectual e a cultura de repúdio da qual depende para o seu ponto de vista adversário.

Há uma tendência entre os etnomusicólogos de descrever a tonalidade como "tonalidade ocidental", o que implica que é um idioma entre muitos, sem significado universal. Fomos encorajados a ver a tonalidade como um idioma passageiro, cuja autoridade depende de uma cultura musical em extinção. Mas essa atitude não consegue fazer justiça ao apelo subjacente da harmonia tonal. O interessante não é que a tonalidade tenha surgido no Ocidente, mas que as suas descobertas não podem ser disponibilizadas sem serem adotadas – muitas vezes, é verdade, em detrimento da cultura musical local (como na música Bunjee indiana), mas sempre com uma sensação ávida de que é *disso* que a música precisa para o seu enriquecimento.

Na verdade, a música ocidental é um símbolo da própria civilização ocidental. É a expressão perfeita do espírito "faustiano" que Spengler identificou como o principal motor das nossas realizações: o espírito de descoberta incansável, que deve sempre se aprofundar na causa e no significado das coisas[60]. Não foi sem razão que Thomas Mann escolheu a música como a preocupação de seu moderno dr. Fausto. E, ao dotar o seu herói com o pensamento desesperador de que a tonalidade se esgotou, de que agora nada resta para a música a não ser uma "retomada" das suas maiores expressões, Mann encontrou o símbolo perfeito para a sua crença de que a civilização ocidental tinha chegado ao fim.

O RENASCIMENTO DA TONALIDADE

Anunciar a sua própria morte tem sido uma marca tão duradoura da civilização ocidental que deveríamos abordar a tese de Mann com uma medida de ceticismo faustiano. Mas, pelo menos nisso, Thomas Mann estava certo: se quisermos avaliar a saúde da civilização ocidental, então deveríamos estudar a sua cultura musical. Quanto resta dessa tradição de escuta e com que facilidade e convicção novas obras são acrescentadas ao seu repertório?

---

60. SPENGLER, Oswald. *The Decline of the West*. Londres, 1921.

Quando Schoenberg dedicou, pela primeira vez, o seu grande intelecto à destruição da tonalidade, foi em parte como um gesto de desafio para com o público do seu tempo, cujo hábito de perturbar os concertos em que a sua música inovadora era apresentada pela primeira vez mostrou até que ponto o entendimento tácito entre compositor e ouvinte já havia sido rompido. A tonalidade, para Schoenberg e seus seguidores, havia esgotado seu potencial e seus principais dispositivos "tornaram-se banais". Já não era possível para um compositor fazer uso sério do idioma tonal, pois fazê-lo seria comprometer as exigências da veracidade interior, tocar para a galeria e proferir banalidades musicais cujo apelo às massas não instruídas as condenava como impróprias para consumo espiritual. Com efeito, a cultura da escuta voltou-se contra si mesma. Ao admitir muitos em seu recinto, o templo havia sido profanado. Esse foi o pensamento mestre por trás das inovações de Schoenberg, e uma grande inspiração para Adorno em sua fervorosa denúncia da canção popular americana.

É a tonalidade, no entanto, com o seu potencial único para sintetizar as dimensões melódicas e harmônicas, que torna o contraponto e a condução da voz inteligíveis ao ouvido musical comum e, assim, faz com que pessoas não versadas na teoria musical consigam seguir o argumento de uma sinfonia ou de um quarteto de cordas e compreender a mensagem dirigida por meio dos tons às suas emoções. Retire a tonalidade e você removerá aquilo que torna a polifonia acessível a todos, exceto aos especialistas. E uma arte dirigida apenas a especialistas é uma arte desligada da cultura que lhe fornece o quadro de referência. É uma arte neurastênica, espectral e rarefeita, separada do sangue vital que só o público pode renovar.

Se tudo o que nos resta, além do pop, são "efeitos sonoros" de pesadelo do laboratório modernista, então a tradição da música "arte" está morta. No entanto, ainda não estava morta quando Adorno escreveu as suas diatribes contra a música popular americana da sua época: a música de Hollywood e da Broadway[61]. A música ainda tinha um lugar na vida das pessoas. As pessoas cantavam e tocavam canções populares, arranjavam-nas para combos de jazz e bandas marciais, incorporavam-nas nas suas improvisações livres em casa e na igreja. O costume de cantar hinos persistiu e proporcionou ao ouvido musical uma educação fácil e impecável nas regras da harmonia de quatro partes. A tonalidade era uma companheira diária familiar, e foi isso, mais do que qualquer injeção de conhecimento, que criou o público musicalmente alfabetizado que abundava em nossas cidades. Foi precisamente a música que Adorno desprezava que abriu os ouvidos do público em geral para as obras-primas clássicas. E é a perda desse repertório de música meio séria, por meio da qual a linguagem da tonalidade foi internalizada sem esforço, que levou ao eclipse do ouvir.

---

61. ADORNO, Theodor W.; EISLER, Hans. *"Komposition für den Film"*, in Adorno, *Gesammelte Schriften*. Frankfurt-am-Main, 1976.

A música pop, do tipo que critiquei no capítulo 5, não tem valor de sobrevivência – muito menos do que as músicas de variedades que tanto contrariaram Adorno. Embora canse os ouvidos de quem convive com ele, o pop não é capaz de fornecer a base para uma verdadeira cultura musical. Não tem capacidade para alusão, desenvolvimento ou referência cruzada, nem capacidade para libertar-se dos dispositivos mecânicos que são a principal fonte do seu apelo musical. Será sempre uma força estéril, da qual nada procede, além de um hábito de distração. No fim, assim como a televisão, ou perderá os seus adeptos, ou reduzi-los-á a uma condição como a de zumbis, que os isolará do passado da humanidade. Nessas condições, uma nova cultura de escuta começará a emergir.

Ouvidos educados no pop buscam por batida em vez de ritmo, por "acompanhamento musical" em vez de harmonia conduzida pela voz e por melodias que se dividem em expressões que podem ser cantaroladas. Esses ouvidos são inicialmente surdos ao contraponto e à experiência real da tonalidade, como um trabalho em três dimensões de relações estruturais. Eles ouvem em Steve Reich ou Philip Glass uma espécie de versão elevada e hipnotizante de seus acordes favoritos e – sem senso algum de estrutura além da repetição – imaginam que isso é um paradigma da música séria. Na verdade, a música dos minimalistas é muito mais banal e clichê do que qualquer música meio séria que saiu de circulação. A sua incapacidade de passar das sequências de acompanhamento para a ordem polifônica expressa a sua obsessão impotente com o acorde, em oposição às vozes que formam o acorde à medida que se movem através dele nas suas viagens melódicas.

O novo público também encontra na espiritualidade de Górecki (1933-2010) e Tavener (1944-2013) uma experiência acessível da vida "superior" da música. Pois a música deles é séria, com a promessa de libertação do mundo alienado da cultura popular. Ao mesmo tempo, ela é composta do mesmo modo que o pop, com cantos monódicos sobre acordes surdos. É como se a música séria precisasse recomeçar, desde os primeiros passos hesitantes da tonalidade, para captar o ouvido pós-moderno.

No entanto, não há dúvida de que, graças a compositores como Górecki, Tavener, John Adams e Michael Torke, a música séria está se adaptando ao novo ouvido musical – o ouvido acostumado à batida, que responde ao *ostinato* [obstinado] implacável muito mais prontamente do que à melodia ou ao contraponto. E a lâmpada da verdadeira música manteve-se acesa durante os anos de escuridão: Henri Dutilleux (1916-2013), na França; o falecido Gottfried von Einem (1918-1996), na Alemanha; Nicholas Maw (1935-2009), na Inglaterra; e Ned Rorem (1923-2022) e John Corigliano, nos Estados Unidos, estão entre muitos compositores da geração mais velha que dirigiu suas composições ao ouvido culto, dando as costas às ortodoxias acadêmicas e à cultura do repúdio, a fim de encontrar novas maneiras pelas quais a tradição contrapontística possa falar diretamente ao coração. Se os resultados são provisórios, é porque também são reais, e os jovens respondem a eles. Ouvindo compositores da minha própria, e um pouco mais jovem, geração – Colin e David Matthews, Oliver Knussen (1952-2018), David del Tredici, Robin Holloway –, continuo convencido de que o retorno à melodia, harmonia e contraponto é irreversível, e que as sombrias fábricas de ruído da orquestra pós-moderna serão, em breve, uma coisa do passado, tão exóticas como o futurismo e tão vazias como o dadaísmo. Talvez nada tenha sido mais inspirador nesse contexto do que a recente criação de Anthony Payne (1936-2021), a partir dos esboços fragmentários do compositor, da Terceira Sinfonia de Elgar[62]: uma recuperação brilhante e sincera de ideias musicais e que ajudou a revitalizar a nossa cultura musical.

RESTAURANDO O OLHAR

É de conhecimento geral, agora, que os excessos do mundo da arte – as vastas acumulações de caixas de Brillo e os mictórios fenomenalmente caros que encheram museus em todo o mundo – são, na verdade, empreendimentos comerciais, que existem porque os críticos fizeram com que valessem a pena, porque os museus os subsidiam e porque ao encomendá-los e possuí-los ganha-se um status. Explore as paredes de pessoas civilizadas comuns e você encontrará gravuras, aquarelas, gravuras e óleos com significados figurativos. É apenas a cultura do repúdio que insiste que a pintura figurativa deveria estar fora do

---

62. Edward William Elgar (1857-1934). (N. T.)

currículo das escolas de arte. Quando nos afastamos do mundo subsidiado do museu e da escola de arte, encontramos os artistas e o seu público ocupados na antiga relação entre eles, um criando e o outro comprando obras que agradam aos olhos e inspiram a mente. Esse ponto foi bem explicado por Roger Kimball[63] e nos é trazido à luz pelo trabalho de espírito público do pintor Jacob Collins, que fundou o Water Street Atelier, no Brooklyn, dedicado à perpetuação da tradição figurativa. Collins juntou-se agora a outros artistas para iniciar a Grand Central Academy of Art, com um currículo clássico que envolve três anos de treino rigoroso nas competências (como modelos vivos) necessárias para a representação do espírito humano na sua forma encarnada.

Os interessados em representação visual conhecerão outras iniciativas semelhantes e terão sentido o crescente movimento de repulsa ao mundo dos *readymades* e das instalações. Em vez de insistir no futuro da arte representacional, direi algo sobre a arquitetura, uma vez que ela é o espelho no qual uma civilização se vê, bem como a ilustração mais reveladora do que a cultura do repúdio realmente significa na vida da pessoa comum. Durante três milênios, os construtores ocidentais olharam para os seus antecessores, respeitando a arquitetura dos templos dos antigos, refinando a sua linguagem e adaptando-a à paisagem europeia de formas sutilmente variadas,

---

63. KIMBALL, Roger. *Art's Prospect: The Challenge of Tradition in an Age of Celebrity*. Chicago: Ivan R. Dee, 2003.

inteiramente memoráveis e, acima de tudo, humanas. Então Le Corbusier (1887-1965) entrou em cena. O seu plano era demolir Paris a norte do Sena e colocar todas as pessoas em caixas de vidro. Em vez de rejeitar esse charlatão como o louco perigoso que ele claramente era, o mundo da arquitetura saudou-o como um visionário, adotou entusiasticamente a "nova arquitetura" que ele defendia — embora não fosse arquitetura de jeito nenhum, mas uma receita para pendurar folhas de vidro em caixotes de aço — e tentou persuadir o mundo de que não era mais necessário aprender as coisas que os arquitetos já sabiam. Nascia, assim, o movimento moderno.

Um por um, os modernistas assumiram o controle das escolas de arquitetura e extinguiram em cada uma delas a luz do conhecimento tradicional. Os estudantes de arquitetura não aprenderiam mais sobre as propriedades dos materiais naturais, sobre a gramática das molduras e dos ornamentos, sobre a disciplina das ordens ou sobre a natureza da luz e da sombra. Não seriam ensinados a desenhar fachadas, colunas ou a incidência de luz sobre uma arquitrave, muito menos a desenhar a figura humana. Eles não deveriam ser ensinados a acomodarem edifícios atrás de uma fachada — Corb não "fazia" fachadas — e, muito menos, a seguirem a linha de uma rua ou a encaixarem suavemente um edifício entre seus vizinhos ou no céu. As únicas habilidades permitidas pelos modernistas eram aquelas exercitadas na prancheta: desenvolver seções horizontais que pudessem ser projetadas andar após andar, em torres com estrutura de aço, violando deliberadamente a textura orgânica da cidade onde seriam despejadas. E, quando os edifícios aterrissaram nas nossas cidades (pois a propaganda modernista também contagiou os urbanistas), eles destruíram a linha das ruas, o horizonte e todas as outras formas de harmonia visual, olhando fixamente, de suas superfícies sem rosto, com os olhos vidrados dos cadáveres. Todos os odiavam, exceto os arquitetos que os construíram e os diversos megalomaníacos que os encomendaram. Inclusive eles optaram por viver em outro local, geralmente em algum amontoado georgiano construído de acordo com os princípios que eles energicamente proibiam. Enquanto isso, a classe trabalhadora urbana foi varrida de suas ruas geniais para ser empilhada em torres higiênicas, de acordo com as instruções de Corb – uma ideia brilhante que destruiu a cidade como um lar, matou o espírito de seus moradores e, em geral, libertou a população para o admirável mundo novo da alienação.

Tudo isso testemunha um fato importante, a saber, que o declínio da arquitetura e a degradação das nossas cidades não foi uma consequência inevitável da decadência cultural, mas um gesto voluntário de repúdio. E uma vontade pode ser combatida por outra. Quinlan Terry era estudante da Architectural Association de Londres, na década de 1960, no auge do frenesi modernista, quando cidade após cidade estava sendo destruída em obediência aos dogmas utópicos de Gropius (1883-1969), Lubetkin (1901-1990) e Le Corbusier. Terry estava frequentando aulas que mostravam como traduzir propaganda coletivista insana em desenhos isonométricos infantis. Tal como aconteceu com as escolas de arte, o desenho real, a aparência real, a medição real e a compreensão moral real tiveram de ser aprendidos em outro lugar. Terry converteu-se ao cristianismo, o que o ensinou a questionar todos os dogmas egoístas nos quais foi criado, incluindo os dogmas do modernismo. Ele, então, partiu para aprender o que seus professores proibiam, viajando para ver os grandes monumentos da arquitetura ocidental, desenhando os detalhes das igrejas rurais, estudando as ruas simples das cidades ainda não arruinadas e, de modo geral, munindo-se do conhecimento que um arquiteto precisa se quiser adaptar a sua arte ao ambiente, em vez de destruir o ambiente para chamar a atenção para a sua arte.

Nem é preciso dizer que os projetos de Terry, apresentados como sua tese, foram reprovados pelos examinadores. Em espírito satírico, apresentou projetos modernistas arrogantes e foi aprovado. Ingressou na firma de Raymond Erith, cujo escritório ele herdou, numa época em que havia poucos negócios privados e todas as encomendas públicas iam para os modernistas. A oportunidade de Terry veio em 1984, quando a Haslemere Estates encomendou seus projetos para Richmond Riverside, que se tornaria uma das atrações turísticas mais populares de Londres. Essa harmoniosa coleção de edifícios clássicos, erguendo-se numa colina acima do Tâmisa que englobava escritórios, restaurantes e residências privadas, ilustra os princípios de Terry: adaptar-se à paisagem natural e à paisagem urbana; utilizar uma linguagem arquitetônica que colocasse um edifício em uma relação com os seus vizinhos e com o transeunte; utilizar materiais naturais e paredes estruturais para que o edifício durasse e resistisse às intempéries; respeitar as realidades do clima e a necessidade humana de luz e ar; criar formas e espaços que se prestassem aos propósitos dinâmicos dos seus residentes e que não morressem, como normalmente morrem os edifícios modernistas, com a sua função inicial.

Richmond Riverside mostrou que todos esses objetivos tradicionais podiam ser alcançados com uma densidade e a um custo que superavam os planos rivais dos modernistas. Como Terry costumava salientar, os edifícios modernistas utilizam materiais que ninguém compreende completamente, que têm um coeficiente de expansão tão grande que todas as junções se soltam em poucos anos, e que envolvem danos ambientais gigantescos na sua produção e no seu inevitável descarte como lixo dentro de algumas décadas. Os edifícios modernistas são catástrofes ecológicas e também estéticas: ambientes fechados, dependentes de uma entrada constante de energia e sujeitos à "síndrome do edifício doente", a qual surge quando ninguém consegue abrir uma janela para deixar entrar ar puro.

Os edifícios de Terry ou não são mencionados na imprensa arquitetônica ou são sujeitos a polêmicas desdenhosas, centrando-se na sua alegada natureza de "pastiche". Esse epíteto – que, se levado a sério, condenaria toda a arquitetura séria, desde o Partenon até às Casas do

Parlamento – foi elevado a uma ferramenta crítica para todos os fins, por pessoas determinadas a que nenhum sussurro do passado volte a ser ouvido em nossas cidades. No entanto, a popularidade dos edifícios de Terry cresce, assim como a sua influência. Em torno de Terry e do arquiteto luxemburguês Léon Krier cresceu um movimento de um "novo urbanismo", com vários desenvolvimentos de grande escala em seu portfólio, incluindo a popular cidadezinha residencial de Poundbury, construída para o príncipe de Gales, em Dorset. A ideia é que os padrões, estilos e materiais modernos são mal compreendidos e hostis em relação aos nossos sentimentos pelo lar. A menos que sejam usados com grande tato e habilidade, eles irritam nossas emoções mais calmas e colocam um obstáculo à nossa necessidade de nos acomodarmos. Você pode usá-los para compor joias isoladas, como as casas de Frank Lloyd Wright (1867-1959), mas essas casas exigem hectares de jardim para realçá-las e nunca poderiam formar a estrutura de uma cidade. A herança cultural incorporada nas ordens clássicas, que nos ensinam a compreender a luz e a sombra, a linha e o volume, e o impacto, em longo prazo, de um edifício na alma do transeunte, é, portanto, uma herança que as pessoas estão agora aprendendo a recuperar. E, talvez, essa seja um símbolo ainda maior da nossa fome cultural do que a restauração da tonalidade na música ou o recente regresso à pintura figurativa no espírito de Edward Hopper (1882-1967) ou à literatura reflexiva no espírito de Solzhenitsyn e Günter Grass (1927-2015).

A TRAGÉDIA DO ISLÃ

O cínico dirá que nada disso significa muito para o cidadão comum, e é verdade que a cultura continua a ser o que sempre foi: propriedade de uma elite. Mas essa elite está conservando e transmitindo um acervo de conhecimentos importantes. Embora esse conhecimento possa não estar explícito nas cabeças das pessoas comuns, ele passa, no entanto, para os seus planos, suas atitudes e suas adaptações sociais. Por isso, não devemos nos surpreender com o fato de como a elite está mostrando os primeiros sinais hesitantes de um regresso às nossas tradições culturais, assim como as formas de entretenimento popular estão começando a incluir versões, ainda que grosseiras, da herança religiosa ocidental. Os filmes das histórias de Nárnia, por exemplo, ficam ao lado das litanias de John Tavener e Górecki, como prova de uma fome cultural que atinge todos os meios sociais. E a causa dessa fome é simples: as pessoas estão fartas da ignorância emocional e estão começando a ter consciência do seu custo. Até mesmo as histórias de Harry Potter, por mais ímpias que sejam, conquistaram audiência por suas múltiplas alusões a antigos ícones culturais – ao encanto e ao mistério da escola pública inglesa, aos claustros góticos e aos fantasmas góticos que sempre os habitaram, à simples e antiquada sociedade de classe média (os "trouxas") contra a qual Harry está em rebelião e à qual ele inexoravelmente pertence.

Um dos efeitos mais prejudiciais da cultura do repúdio é o fato de levar as pessoas a acreditarem que as elites estão acima da massa popular, numa postura de alienação e ridículo. A "cultura" aparece como uma arma empunhada contra os ignorantes e contra os seus escrúpulos morais e religiosos. A cultura ocidental, tal como a defendi neste livro, é, na verdade, o oposto disso – uma espada empunhada em defesa do "homem comum" e dos seus valores pelo nosso anjo da guarda, que é o conhecimento. E, se houver dúvidas de que essa cultura ainda nos é útil, então estude o que acontece a uma civilização quando a sua cultura desaparece. Vejamos o islã, que, nos grandes dias de Avicena (980-1037), al-Ghazali (c. 1058-1111) e Averrois, ascendeu a uma autoconsciência e a um autodomínio que encheu o mundo islâmico de significados e de conhecimento do coração. O que aconteceu com essa grande e controversa cultura? Onde, por exemplo, você encontra cópias impressas dos filósofos? Nas bibliotecas universitárias norte-americanas, certamente. Mas não em uma livraria comum do Oriente Médio. Hafiz e Rumi são familiares devido à tradução. Mas procure-os em seu país natal, o Irã, e você encontrará apenas versões censuradas. Você pode viajar por todo o mundo muçulmano e encontrar apenas edições de *As Mil e Uma Noites* que passaram por cortes. Existem romancistas e poetas, mas, em quase todos os lugares, sob forte pressão da censura. Novas publicações no Egito devem primeiro receber um imprimátur[64] do seminário islâmico

---

64. Indicação com a qual as autoridades eclesiásticas e antigos censores régios exprimiam autorização para poder imprimir-se uma obra. https://dicionario.priberam.org/imprimátur. (N. T.)

de al-Azhar, e é um bom ano aquele que vê quinhentos títulos. Houve um renascimento das letras árabes no Líbano, no final do século XIX, e o efeito disso ainda é sentido. Mas o Líbano era, naquele momento, um país predominantemente cristão, mostrando as garras em antecipação ao colapso otomano. Verifique a situação das letras no Irã, por exemplo, e você ficará surpreendido ao descobrir um país que publica seus maiores poetas em fragmentos censurados e confere credibilidade oficial aos *Protocolos dos Sábios de Sião*[65].

A mesma mensagem é transmitida pelos jornais do mundo árabe, que parecem ser, em grande parte, indiferentes às tradições literárias, filosóficas e artísticas da civilização islâmica, referindo-se a elas sempre de uma forma rígida e distante, como se estivessem se ajoelhando diante de um santuário não varrido antes de prosseguirem para o bordel. A impressão é de um ato de suicídio cultural em massa. É claro que existem excelentes estudiosos nativos da cultura árabe e persa, mas muitos deles podem ser encontrados em universidades ocidentais, e aqueles que ficaram em casa vivem, muitas vezes, à margem da sociedade.

Falar de um "choque de civilizações", como fez Samuel Huntington (1927-2008), é presumir que existem duas civilizações. Mas um dos contendores nunca apareceu no campo de batalha. O choque que testemunhamos é

---

65. Trata-se de um documento fraudulento que serviu de pretexto e justificativa para o antissemitismo principalmente no início do século XX. https://www.britannica.com/topic/Protocols-of-the-Elders-of-Zion. (N. T.)

entre o secularismo ocidental e uma religião que, por ter perdido a sua parte autoconsciente, já não consegue relacionar-se de forma estável com aqueles que dela discordam. Foi precisamente a perda da sua cultura que permitiu ao islã entrar no mundo moderno com tanta morte no seu coração – a morte dos outros, o que esconde e justifica a morte de si mesmo.

Nós, no Ocidente, temos mais sorte. A nossa cultura ensinou-nos a necessidade de tolerância e preparou-nos para o novo mundo secular – e preservou, nessas circunstâncias improváveis, um precioso legado de conhecimento moral. Importa menos que a massa da população ignore essa cultura do que o fato de ainda estar sendo recrutada uma elite para transmiti-la. Como qualquer forma de conhecimento, aquele incorporado numa cultura espalha os seus benefícios até mesmo sobre os ignorantes, e aqueles que se esforçam para adquirir esse conhecimento não estão apenas fazendo o bem a si próprios: são os salvadores da sua comunidade.

A NECESSIDADE DA ESTÉTICA

Os valores estéticos são valores intrínsecos, que não podem ser medidos por preço; eles também nos instigam a encontrar valores intrínsecos no mundo em que vivemos. Na época da Revolução Industrial, quando, pela primeira vez, passou pela cabeça das pessoas o pensamento de que o nosso ambiente natural é vulnerável, de que tudo do que dependemos poderia ser desperdiçado e poluído por meio da nossa louca má gestão, surgiu um movimento estético que tinha a beleza natural como sua causa dominante. *O Tratado sobre o Sublime e o Belo*, de Burke (1729-1797), os ensaios de Addison sobre os "Pleasures of the Imagination"[66], a *Crítica do Juízo* de Kant e as obras de pensadores como Price (1723-1791), Alison, Home, Lessing (1729-1781) e Rousseau, todos serviram para colocar a natureza no centro dos nossos interesses estéticos e invocar um reino de valor intrínseco que foi ameaçado pelas nossas pegadas. Agora você poderia dizer que essa invocação do valor estético, que levou à grande revolução na sensibilidade artística que encontramos em Novalis (1772-1801), Wordsworth, Beethoven (1770-1827), Schubert (1797-1828), Friedrich (1774-1840) e Constable (1776-1837), tinha uma função – que era a de proteger o mundo contra nossos predadores. E isso é verdade: o valor estético da natureza incentivou as pessoas a renunciarem à arrogância que diz que temos direito a todos os recursos naturais. Mas a revolução estética do século XVIII e do início do século XIX foi eficaz, porque abriu os olhos das pessoas para valores intrínsecos. A beleza natural tem um valor instrumental, mas apenas quando valorizada intrinsecamente – apenas quando retirada do mercado e cercada com proibições. (Observe o paralelo com a amizade, conforme discutido no capítulo 4.)

Algo semelhante acontece com os valores estéticos que descobrimos nas formas arquitetônicas e que restringem o mercado imobiliário urbano. Como demonstraram

---

66. Em tradução livre, Prazeres da Imaginação. (N. T.)

os Novos Urbanistas, os valores estéticos são necessários se as cidades quiserem viver: pois eles retiram do mercado o elemento mais importante da vida urbana, que é a própria cidade, concebida como um lar em comum e um lugar de diálogo público. Olhe para as cidades provincianas norte-americanas e você entenderá o que quero dizer. Elas são planejadas por leis de "zoneamento" que, em grande parte, ignoram a dimensão estética e veem as partes da cidade em termos das suas diversas funções econômicas e sociais. Quando os valores estéticos são ignorados, a paisagem urbana deixa de ser intrinsecamente cativante, a população retira-se para os subúrbios, para viver em privacidade mútua, enquanto o centro da cidade decai numa estrutura meramente funcional – uma estrutura que, por ser *meramente* funcional, rapidamente perde a sua função.

Algo semelhante também se aplica às belas artes da literatura, da pintura e da música. Estas estão repletas de valores intrínsecos: não apenas valores estéticos, mas também valores morais que elas fazem brilhar em forma sensorial. *Rei Lear* não justifica nem vindica[67] o sofrimento, mas leva-nos a ver que a morte não é algo sem sentido quando a vida se esforçou para enobrecer a si mesma e acabou derrotada por uma falha fatal. A crítica tem como objeto o valor estético. Mas toda crítica digna desse nome se dedica também a revelar o conteúdo moral das obras

---

67. Embora justificar e vindicar possam ser usados como sinônimos, no que diferem, vindicar implica defender com sucesso, já justificar implica mostrar que é verdadeiro, justo ou válido apelando a um padrão ou a um precedente. (N. T.)

de arte – o aspecto que transfigura e redime por meio da empatia e que nos ensina "o que sentir". O valor moral da arte não reside no fato de ela nos tornar bons – talvez ela não tenha esse potencial. O seu valor moral consiste no fato de perpetuar a ideia de valor moral, mostrando que *tal coisa realmente existe*.

POR QUE A CULTURA IMPORTA

Em quase todas as esferas, nós somos agora desencorajados a fazer críticas; basta uma obra de arte se destacar para que pessoas desejem vê-la, lê-la, ouvi-la ou, pelo menos, ouçam falar a seu respeito. O sucesso de bilheteria é o critério de valor recebido – e, embora essa ou aquela pessoa possa se opor à pornografia, à violência gratuita, a obras que deliberadamente "sujam a vida", como disse D. H. Lawrence (1885-1930), não tem o direito de ditar o que pode ou não ser feito, vendido ou apreciado mais do que qualquer outra pessoa. Essa é, de qualquer forma, a visão predominante das coisas. Essa visão presume que as obras de arte são agradáveis, tal como a comida ou a bebida ou o futebol ou a pornografia são agradáveis para aqueles que apreciam essas coisas, e que não existe nenhum papel para a arte em ocultar as nossas emoções do mercado. Pelo contrário, a arte é outra forma de colocá-las à venda. Entramos numa época em que os julgamentos estéticos são rotineiramente evitados. As pessoas têm gostos, certamente, mas esses gostos não são diferentes dos seus gostos alimentares – desejos de gratificação do tipo que podemos testemunhar tão facilmente num animal como num ser racional. O que era distintivo da experiência estética – a saber, o fato de ela se basear na percepção de valor – saiu de cena, e só permanece o desejo. Se as pessoas chegam a estudar arte, muitas vezes é apenas para explorar a técnica, ou então para "ir atrás" de toda a tradição de expressão artística e desconstruir os seus pressupostos políticos ocultos. O julgamento propriamente dito – seja o julgamento contido na arte, ou o julgamento a ela aplicado – é rotineiramente evitado. Isso faz parte de viver num ambiente "sem julgamento", "inclusivo" e, talvez, até "multicultural".

Num tal ambiente, o julgamento estético é facilmente considerado uma ameaça. Nada no novo mundo deve ser retirado do mercado, e, se alguma coisa é absolutamente proibida, são apenas aquelas coisas – como o assassinato – que ameaçam tudo. Em todas as áreas da vida, em que as pessoas procuraram e encontraram consolação por meio da proibição dos seus desejos – o sexo, em particular, e o gosto, em geral –, o hábito do julgamento deve agora ser eliminado. Não existem valores intrínsecos, acreditam as pessoas, exceto, na melhor das hipóteses, apenas opiniões sobre valores intrínsecos. Em outras palavras, a tentativa de construir um domínio de valor intrínseco – e é isso o que a cultura realmente é – é vista com suspeita. Aqueles que exigem que a tentativa, mesmo assim, seja feita são uma ameaça à ordem social, pois eles nos lembram de que não se trata de uma ordem, mas de uma espécie de desordem regulamentada em que, sob a grosseria uniforme da vida pública, nossos desejos competem de modo caótico para sua satisfação, sem qualquer reconhecimento público de que alguns desejos merecem realização enquanto outros devem ser suprimidos.

Eu suspeito que a humanidade tenha entrado frequentemente em períodos como o nosso, em que a disciplina do julgamento e a procura do valor intrínseco diminuíram ou desapareceram. Quando isso aconteceu no passado, não ficou, todavia, nenhum registro, pois uma sociedade sem cultura perde a memória e perde também o desejo de se imortalizar em monumentos duradouros. Muito em breve, a barbárie assume o controle e a sociedade é varrida da face da terra. O que é interessante na nossa situação é que temos os meios tecnológicos para sustentar a nossa sociedade para além do momento em que ela poderá perder todo o sentido interno do seu valor e, portanto, perder a capacidade de se sustentar a partir do seu próprio reservatório inerente de fé. Essa é uma situação nova, e nós deveríamos nos perguntar o que poderíamos fazer, em circunstâncias como essas, para garantir a sobrevivência da cultura. Aqueles monges irlandeses que mantiveram acesa a lâmpada do aprendizado durante a Idade das Trevas de nossa civilização tinham uma grande vantagem sobre nós – a saber, que não havia competição de idiotices barulhentas e amplificadas, que tudo ao seu redor era perigo e destruição, e que tão logo eles encontraram refúgio, a paz tranquilamente se apresentou a fim de guiar seus pensamentos, seus sentimentos e suas penas.

No entanto, os sinais de esperança que identifiquei neste capítulo não são pontos isolados de uma resistência fora de moda. Eles sugerem um movimento crescente de repulsa contra o niilismo predominante – tanto o niilismo da universidade como o niilismo do mercado. Esse movimento pode não conseguir colocar a cultura mais uma vez onde ela pertence – no centro da educação universitária e nos corações dos nossos líderes. Mas consegue mostrar-nos por que a cultura é importante e por que a batalha para conservá-la deve ser travada de uma forma adequada.

Acompanhe a LVM Editora nas Redes Sociais

https://www.facebook.com/LVMeditora/

https://www.instagram.com/lvmeditora/

Esta edição foi preparada pela LVM Editora e por Décio Lopes,
com tipografia Baskerville e Tw Cen MT, em abril de 2024.